W9-DEB-113

SPANISH THROUGH PICTURES BOOK I

and

A FIRST WORKBOOK OF SPANISH

is one book in a language series for beginners published by POCKET BOOKS. Other languages in this series on which books have been published are English, French, German, Hebrew, Italian, and Russian.

Here you will find a small, careful selection of the most widely useful Spanish words put into key patterns so that you will be able to quickly master and apply them. These common words in their common sentence forms are made clear to you page by page with the help of pictures.

For students using this book we suggest as general aids *The University of Chicago Spanish-English, English-Spanish Dictionary* (80559/ $1.95) and *Williams' Diccionario del Idioma Español* (80629/$1.95).

To avoid confusion over possible duplication of page numbers, please note that the text of *Spanish Through Pictures BOOK I* is presented in pages 1-127; the Workbook section extends from pages 2-237.

The LANGUAGE THROUGH PICTURES Series:

FIRST STEPS IN READING ENGLISH

ENGLISH THROUGH PICTURES BOOK I and
  A FIRST WORKBOOK OF ENGLISH

ENGLISH THROUGH PICTURES BOOK II and
  A SECOND WORKBOOK OF ENGLISH

ENGLISH THROUGH PICTURES BOOK III

FRENCH THROUGH PICTURES BOOK I and
  A FIRST WORKBOOK OF FRENCH

FRENCH THROUGH PICTURES BOOK II and
  A SECOND WORKBOOK OF FRENCH

GERMAN THROUGH PICTURES BOOK I

SPANISH THROUGH PICTURES BOOK I and
  A FIRST WORKBOOK OF SPANISH

SPANISH THROUGH PICTURES BOOK II and
  A SECOND WORKBOOK OF SPANISH

Published by POCKET BOOKS

SPANISH

THROUGH PICTURES

BOOK I

and

A FIRST WORKBOOK OF SPANISH

by

I. A. RICHARDS • RUTH M. ROMERO
CHRISTINE GIBSON

A KANGAROO BOOK
PUBLISHED BY POCKET BOOKS NEW YORK

Another *Original* publication of POCKET BOOKS

POCKET BOOKS, a Simon & Schuster division of
GULF & WESTERN CORPORATION
1230 Avenue of the Americas, New York, N.Y. 10020

ISBN: 0-671-82096-6

First Pocket Books printing January, 1972

5th printing

PREFACE

Spanish Through Pictures adapts the instructional design of the parent text of the series, *English Through Pictures Book One,* to the teaching of elementary Spanish, introducing the beginner to about 800 highly useful words at work in the essential sentence patterns of the language. A pictorial commentary explains the sentences as they appear, arranged in a double-page display of sentences in situations to invite comparison with one another. Learners quickly get a sense of the new language when they can repeat the sentences after an informant while they look at the depictions. As with all the *Language Through Pictures* books of the series, recordings of the complete text, spaced for sentence repetition, are available. Filmstrips and film lessons are also obtainable.*

For study of the written language, a workbook of exercises, graded step by step to the teaching sequence, has been provided to challenge and reinforce the learning of all lexical and structural elements while providing enrichment reading and writing within the learner's reach. The new edition of *Spanish Through Pictures Book I* assembles for the first time in one volume *A First Workbook of Spanish,* bound together with the first half of the teaching text. This new single volume parallels filmstrips and recordings of the same material as well as a series of sound motion pictures graded for use with it.

---

* Information from Educational Services, 1730 Eye St., N.W., Washington, D.C. 20006 and from Language Research Inc., 134 Mt. Auburn St., Cambridge, Mass. 02138.

Spanish Through Pictures Book II and A Second Workbook of Spanish follow as the second volume of the new edition, paralleled by Recordings, Filmstrips and Teaching Films, Series II.

Field use of the materials—in school and college classrooms, in language laboratories, on educational television, and in special programs for industry, social services and teacher training courses—has established their quick effectiveness. Audio-lingual beginner courses are able to synchronize tapes of the text with captionless picture sequences to give a meaningful introduction to the language. The script and workbook exercises then confirm the oral learning. Verifiable statements of fact about things that can be indicated lead in the later pages into discussion of ideas when words already made clear are brought back to help explain the new. The developing language is self-reviewing.

Acknowledgments are due Margaret A. Kittredge and Ruth Riddick for help in preparing this edition for the press.

I. A. RICHARDS
CHRISTINE M. GIBSON

CONTENTS

In the second volume of the new edition of *Spanish Through Pictures* you will notice that the teaching text starts with page 128, to which the opening questions of *A Second Workbook of Spanish* in the same book refer. After the workbook exercises and their answers, an index of words in the whole of *Spanish Through Pictures* (new Books I and II) is provided. Words on pages 128-252 are introduced in the new volume II.

SPANISH
THROUGH PICTURES

Book 1

CONTENTS

You can go a long way in learning everyday Spanish through Book I, in which about 400 of the most widely useful words in the new language are put to work for you in key syntax patterns so that you will not find them difficult to master and apply. These common words in the essential sentence forms are made clear to you page by page with the help of pictures. Read each page from left to right, 1-2, and then from left to right again in the two lower frames, 3-4.

As you work with the book you will see that each page is part of a larger design, building systematically upon the pages which go before it. Moreover, each page has its own organic relations between its several parts. The individual frames, 1, 2, 3 and 4, become comprehensible to you with the help of one another. Study the pictures on a page and you will see as you examine the sentences which accompany them how the phrasing changes with the details in the pictures, and why. Follow the sequence to find out what the sentences say. New words will take on meaning as you proceed, and your knowledge of the language will develop.

For example, consider page 10 of the book for a moment. Picture 1 on that page shows a woman with a hat. She is beside a table. The accompanying caption reads: "Es una mujer. Tiene un sombrero en la mano." There are no words in these sentences which have not been made clear in previous pages. "Ella es una mujer," labels a woman on page 3 and is simplified to

"Es una mujer," on page 6. "Un sombrero" was given
on page 4. The word "mano" comes in on page 5. On
page 8, the word "tiene" is introduced and used with
the phrase "en la mano," which was taught on page 7.
So the beginner is ready to comprehend the new vari-
ant, "Tiene un sombrero en la mano," since all the
words are understood. These two sentences of picture
1 set the stage for the action which is to follow. Picture
2 gives a new pattern: "La mujer pondrá el sombrero
en la mesa." "En" in the sense of "on" was taught on
page 7 and "mesa" appeared on page 4. There is only
one new word, "pondrá," and this becomes meaningful as it is compared with the "pone" and "puso" of
pictures 3 and 4. The old vocabulary provides a frame-
work to give support to these new features of vocabulary and structure, while the pictures, showing the
action in the future, present and past, make the meaning clear at once.

You will notice that the new items on this page are
mastered without recourse to an English translation or
to a bilingual dictionary, and the manner of presen-
tation makes no grammatical explanation necessary.
While you are working along from page to page, com-
paring pictures and sentences and getting new meanings clear, it is well to keep your own language as far
as possible out of your mind. *Don't translate.* If you
do, the sounds, the sentence forms and the meaning
patterns of English will get in your way and make your
learning of Spanish more difficult. There are question
pages from time to time which will test your mastery
of the material. You can easily check yourself by re-
ferring to the pages on which the answers are given.

Note special reference to pagination at the bottom
of the Table of Contents.

Here are a few hints about the pronunciation of
Spanish which will be found useful to all beginners,
with or without native models of the spoken language.
Happily, there are no Spanish sounds which will be
found difficult to approximate. Moreover, Spanish
spelling, unlike English, is very consistent. Once you
are familiar with its conventions, you will always know
how to pronounce Spanish words when you see them
in print. The pronunciation given is that of Castilian
Spanish to which some special characteristics of the
speech of Spanish America are added.

Stress

a) Words ending in a vowel, in *n* or in *s*, are stressed
   on the next to the last syllable and carry *no* stress
   mark, e.g. *hombre, esperan, antes*.
b) Words ending in a consonant other than *n* or *s*
   are stressed on the last syllable and carry *no*
   stress mark, e.g. *mujer, animal*.

Words whose stress does not conform with these two
rules have an acute accent (′) on the stressed syllable,
número, están, después. The same mark serves to
distinguish words which are pronounced alike, but have
different meanings, e.g. *si* and *sí*.

Vowel Sounds

Spanish has five vowel sounds. All of them are pure
vowels. To get the right pronunciation it is necessary to
keep jaw, lips and tongue fixed during articulation.

A sounds like the *a* of *father*, e.g. *pan*; *e* like the *e* of *they*, e.g. *mesa*; *i* like the *i* of *machine*, e.g. *libro*; *o* like the *o* of *or*, e.g. *dos*; *u* like the *u* of *rude,* e.g. *puso*.

Consonant Sounds

The letters *f, l, m, n, p, x* have the same values as in English, e.g. *frío, suelo, mujer, nada, perro, taxi*.

B or *v* at the beginning of a word or after a consonant represents a sound similar to *b* in *but*, e.g. *barco, vaso*. Between vowels, both *b* and *v* stand for a sound which you will get by blowing, with the lips held back and almost closed, e.g. *abierta, tuve*.

C has two values: a) before *a, o, u* or a consonant, it is pronounced like the *c* of *cat*, e.g. *casa, claro*; b) *c* before *e* and *i* (and *z* in all positions) has the value of *th* in *thin*, e.g. *decir, cabeza*. In Spanish-speaking America, *c* (before *c* and *i*) and *z* are pronounced like the *c* of *cigarette*.

CH has the same sound as *ch* in *child*, e.g. *muchacho*.

D at the beginning of a word approximates the sound of *d* in *dear,* e.g. *dar*; between vowels and in final position, that of *th* in *then*, e.g. *nada, usted*.

G, like *c*, has two values: a) before *a, o, u* or a consonant, it is pronounced like the *g* of *go,* e.g. *tengo*; b) before *e* and *i* it stands for a harsh *h* sound, e.g. *página*.

GU before *a, o* or *u*, is pronounced like *gw* in *Gwynn*, e.g. *guantes*.

H is silent, e.g. *hacer* where the first letter is given no sound.

J, like the second value of *g*, sounds like a harsh *h*, e.g. *pajaro*. (*J* is *not* pronounced at the end of the word *reloj*.)

LL is pronounced like the *lli* of *billiards*, e.g. *botella*, *llave*. In Spanish America *ll* usually sounds like the *y* of *yes*.

Ñ is pronounced like the *ni* of *onion*, e.g *señor*, *niño*.

Q, always followed by a silent *u*, is pronounced like the *k* in *king*, e.g. *queso*, *quién*.

R represents the trilled *r*, produced through vibration of the tongue-tip against the sockets of the upper teeth, e.g. *sombrero*. *RR* or a single *r* at the beginning of a word is more strongly trilled, e.g. *perro*, *rama*.

S sounds like the *s* of *sin*, e.g. *soy*.

T is similar to *t* in *to*, but is pronounced with the tip of the tongue touching the upper teeth, e.g. *tomar*.

Y sounds like *y* in *yes*, e.g. *ayer*. In the word *y* when it stands alone, however, it has the same value as *i*.

Z, like the second value of *c*, is sounded like *th* in *thin*, e.g. *brazo*.

El es un muchacho.
Es un muchacho.

Ella es una muchacha.
Es una muchacha.

Es un sombrero.

Es una mesa.

Es una cabeza.
Es mi cabeza.

Es una cabeza.
Es su cabeza.

Es una mano.
Es mi mano.

Es una mano.
Es su mano.

Es un hombre.   Es una mujer.

Es el señor Vargas.   Es la señora de Vargas.

Es una mujer.

Es la señorita Gómez.

Yo soy un hombre.
Soy un hombre.

Tengo un sombrero.

Es mi cabeza.

Es mi sombrero.

Tengo mi sombrero
en la mano.

Tengo mi sombrero
en la cabeza.

Tengo un sombrero.
Es mi sombrero.

Tengo mi
sombrero
en la mano.

Usted tiene
un sombrero.
Es su sombrero.

Tiene su
sombrero
en la mano.

El tiene un sombrero.
Es su sombrero.
Tiene su sombrero
en la cabeza.

Ella tiene un sombrero.
Es su sombrero.
Tiene su sombrero
en la mano.

Tengo dos manos.
Son mis manos.

Usted tiene dos manos.
Son sus manos.

Es la mano
derecha.

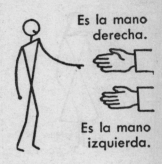

Es
la mano
derecha.

Es
la mano
izquierda.

Es la mano
izquierda.

Tengo dos sombreros.
Son mis sombreros.

El tiene dos sombreros.
Son sus sombreros.

Tengo un sombrero
en la mano derecha.
Tengo un sombrero
en la mano izquierda.

Tiene un sombrero
en la mano derecha.
Tiene un sombrero
en la mano izquierda.

Es una mujer. Tiene un
sombrero en la mano.

La mujer pondrá el
sombrero en la mesa.

Pone el sombrero
en la mesa.

Puso el sombrero
en la mesa.

Es un hombre.

El hombre tomará el
sombrero de la mesa.

Toma el sombrero
de la mesa.

Tomó el sombrero
de la mesa.

El hombre pondrá
el sombrero en
su cabeza.

Pone el sombrero
en su cabeza.

Puso el sombrero
en su cabeza.

Tiene el sombrero
en la cabeza.

Es un sombrero.

Son dos sombreros.

Es una mano.

Son dos manos.

Es una mesa.

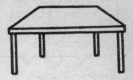

Son dos mesas.

El es un hombre.
Es un hombre.

Ellos son tres hombres.
Son tres hombres.

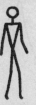

Ella es una mujer.
Es una mujer.

Ellas son tres mujeres.
Son tres mujeres.

Nosotros somos
dos muchachos.
Somos dos
muchachos.

Nosotras somos
dos muchachas.
Somos dos
muchachas.

Ustedes son dos
muchachos.

Ustedes son dos
muchachas.

Es una
mano.

Es una
mano.

Es la mano del hombre.
Es su mano.

Es la mano de la mujer.
Es su mano.

Es el sombrero
del hombre.

El hombre tiene
su sombrero
en la cabeza.

Ahora tiene
su sombrero
en las dos manos.

Es el sombrero
de la mujer.

Ella tiene su sombrero
en la cabeza.

Ahora tiene su
sombrero en las
dos manos.

Soy una mujer.
Tengo un sombrero.
Es mi sombrero.

Tomaré el sombrero
de la mesa.

Tomo el sombrero
de la mesa.

Tomé el sombrero.
Ahora tengo
el sombrero en las
dos manos.

Pondré el sombrero en mi cabeza.

Pongo el sombrero en mi cabeza.

Puse el sombrero en mi cabeza.

Ahora tengo el sombrero en la cabeza.

Tengo el sombrero
en la cabeza.

El sombrero está
en mi cabeza.

Ahora el sombrero
está en mi mano.

Ahora está en
una mesa.

Ahora está en las
manos de una mujer.

Yo soy un hombre.
Soy un hombre.

Yo estoy aquí.
Estoy aquí.

El es un hombre.

El está allí.
Está allí.

Ella es una mujer.

Está aquí.

Ahora ella está allí.
Está allí.

Es un pájaro.

Está aquí.

Ahora el pájaro
está allí.
Está allí.

Ellos están aquí.
Están aquí.

Ahora están allí.

Yo estoy aquí.
Usted está allí.

Ustedes están allí.

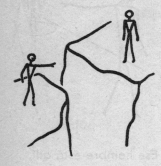

Usted está aquí.
El está allí.

Ahora él está aquí.
Nosotros estamos aquí.

Es un hombre.

Este hombre está aquí.

Es un hombre.

Ese hombre está allí.

Es una mujer.

Esta mujer está aquí.

Es una mujer.

Esa mujer está allí.

Esta muchacha
está aquí.

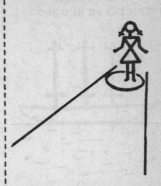

Esa muchacha está allí.

Este muchacho
está aquí.

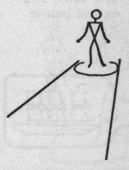

Ese muchacho está allí.

Es un barco.
Está en el agua.

Son tres barcos.
Están en el agua.

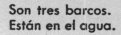

Este barco está
en una botella.

Estos tres barcos no
están en una botella.

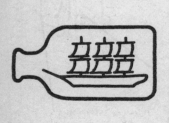

Están en el agua.

La botella está en la mano de un hombre.

Es un vaso. Está en la mesa.

La botella tiene agua.

El vaso no tiene agua.

Ahora el vaso y la botella están en la mesa.

El agua está en la botella. Estará en el vaso.

Ahora el agua está en el vaso. Ahora no está en la botella.

Son cuatro botellas.

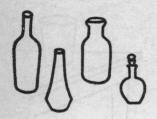

**Estas botellas
están aquí.**

**Esas cuatro botellas
están allí.**

**Esos tres pájaros
están allí.**

**Ese hombre
y esa mujer
están allí.**

**Estos dos pájaros
están aquí.**

**Este hombre
y esta mujer
están aquí.**

Es un hombre.

Tiene dos brazos.

Estos son
los brazos
del hombre.

Tiene dos piernas.
Estas son las
piernas del hombre.

Tiene dos pies.

Estos son los pies
del hombre.

Es un brazo.

Es una pierna.

Es un pie.

La muchacha tiene
dos brazos y dos
piernas y dos pies.

Estos son
los brazos
de la
muchacha.

Estas son
las piernas
de la muchacha.

Estos son los pies
de la muchacha.

Es un cuarto.
Tiene dos ventanas
y dos puertas.

Estas son las ventanas.

Esta es una puerta.

Esta es la otra puerta.

Este es el suelo.

Son las ventanas del cuarto.

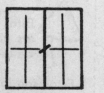

Una ventana
está cerrada.

La otra ventana
está abierta.

Esta puerta está
abierta.

Esta puerta está
cerrada.

Esta es una pared.

Hay cuatro paredes
en el cuarto.

Esta es
otra pared.

Hay una ventana
en esa pared.

Este es
el suelo.

Hay un suelo
en el cuarto.

Es una casa.

Esta es una
ventana.

Estas
son tres
ventanas.

Esta es la puerta
de la casa.

Es una calle.
Hay tres casas en
esta calle.

Un hombre está
en la calle.

Su casa está allí.

El hombre está
en la calle.
Irá a su casa.

Va a su casa.

Fué a su casa.
Ahora está allí.

Ahora está a la
puerta de su casa.

Estaba aquí.
Ahora no
está aquí.

Este hombre tiene
un sombrero.
Dará el sombrero a
otro hombre.

Ahora da el sombrero
al hombre.
Le da el sombrero.

Dió el sombrero
al hombre.
Le dió el sombrero.

Ahora el otro hombre
tiene el sombrero
en las dos manos.

Tengo un sombrero. Daré el sombrero a esta mujer.

Ahora le doy el sombrero.

Le di el sombrero.

Ahora ella tiene el sombrero en las dos manos.

¿Qué es?

Es un sombrero.

"¿Qué es?" es una pregunta.

"Es un sombrero" es la contestación.

"¿Es un sombrero?" es una pregunta.

La contestación es: "Sí, es un sombrero."

"¿Es un sombrero?" es una pregunta.

La contestación es: "No, no es un sombrero. Es una mano."

Aquí tiene usted unas preguntas:

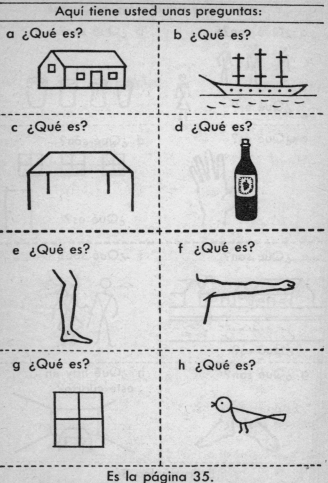

a ¿Qué es?

b ¿Qué es?

c ¿Qué es?

d ¿Qué es?

e ¿Qué es?

f ¿Qué es?

g ¿Qué es?

h ¿Qué es?

Es la página 35.
Las contestaciones están en la página 38.

Aquí tiene usted otras preguntas:

a ¿Qué son?

¿Qué es?

b ¿Qué son?

c ¿Qué es?

d ¿Qué son?

¿Qué es?

e ¿Qué son?

¿Qué es?

f ¿Qué son?

g ¿Qué son?

h. ¿Qué hay en este cuarto?

Es la página 36.
Las contestaciones están en la página 38.

Aquí tiene usted otras preguntas:

a ¿Está el sombrero
en la mesa?

b ¿Hay un hombre
en este cuarto?

c ¿Está cerrada esta
puerta?

d ¿Está el pájaro en
la mesa?

e ¿Tiene la mujer
un vaso?

f ¿Hay agua en este
vaso ahora?

g ¿Está este barco
en una botella?

h ¿Están a la puerta
este hombre y
esta mujer?

Es la página 37.
Las contestaciones están en la página 38.

Aquí tiene usted las contestaciones a las preguntas
en las páginas 35, 36 y 37.

Página 35:

a Es una casa.   b Es un barco.

c Es una mesa.   d Es una botella.

e Es una pierna.   f Es un brazo.

g Es una ventana.   h Es un pájaro.

Página 36:

a Son tres hombres.   b Son cuatro vasos.
   Es una mujer.

c Es una mano.   d Son tres ventanas.
                    Es una puerta.

e Son tres casas.   f Son un muchacho y
   Es una calle.   una muchacha.

g Son dos pies.   h Hay una mesa en
                    este cuarto.

Página 37:

a Sí, el sombrero está b Sí, hay un hombre
   en la mesa.   en este cuarto.

c Sí, esta puerta está d No, el pájaro no
   cerrada.   está en la mesa.
                    Está en el suelo.

e No, la mujer no   f No, no hay agua en
   tiene un vaso.   este vaso ahora.
   El hombre tiene   (El agua estaba
   un vaso.   en el vaso.)

g No, este barco no   h Sí, este hombre y
   está en una botella. esta mujer están
   Está en el agua.   a la puerta.

¿Qué es?
Es un reloj.
¿Qué hora es?
Es la una.

¿Qué hora es?
Son las dos.

¿Qué hora es?
Son las cuatro.

¿Qué hora es?
Son las seis.

¿Qué hora es?
Son las ocho.

¿Qué hora es?
Son las doce.

Tres (3) es un número.
Dos (2), cuatro (4) y seis (6) son otros números.
Aquí tiene usted los números de uno a doce:

1 uno	5 cinco	9 nueve
2 dos	6 seis	10 diez
3 tres	7 siete	11 once
4 cuatro	8 ocho	12 doce

¿Qué es?
Es una mesa.

¿Qué es?
Es un sombrero.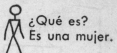

La mesa es una cosa.
El sombrero es una
cosa.
Las puertas y las
ventanas son cosas.
Los vasos y los relojes
son cosas.

¿Qué es?
Es un hombre.

¿Qué es?
Es una mujer.

Es un muchacho.
Es una
muchacha.
Los hombres y las
mujeres y los
muchachos y las
muchachas no son
cosas. Son personas.
Usted es una persona.

Hay dos personas
en este cuarto.
Son una muchacha y
un muchacho.

La muchacha
está a la puerta.
El muchacho está
a la ventana.

La muchacha irá
a la ventana.

Estará a la ventana
con el muchacho.
Estará con él.

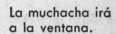

La muchacha va a
la ventana.
¿Dónde estaba ella?

La muchacha fué
a la ventana.
¿Dónde está ahora?
Ahora está a
la ventana.

Estaba a la puerta.
Ahora no está a
la puerta.

Está con el muchacho.

Los muchachos están
juntos a la ventana.
Ella está con él, y él
está con ella.
Están juntos.

Estas cosas son libros.
Hay once libros en
el estante. Estos libros
están juntos.

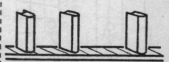

Estos tres libros no
están juntos. Están
en el estante, pero no
están juntos.

¿Dónde están los muchachos?
Están a la ventana.

Irán a la puerta.

Ahora los muchachos van a la puerta.
Estaban a la ventana, pero ahora no están a la ventana.

Los muchachos fueron de la ventana a la puerta. Ella fué con él, y él fué con ella. Fueron juntos.

Ahora están a la puerta.
El muchacho está con la muchacha a la puerta. Ella está otra vez a la puerta.

Tengo dos ojos.

Es una señorita.

Es el
ojo
derecho.

Es el
ojo
izquierdo.

Los ojos están en
la cabeza.

Tiene los ojos abiertos.
Sus ojos están abiertos.

Ahora tiene los ojos
cerrados.
Sus ojos están
cerrados.

Este hombre tiene un
ojo abierto y el otro
ojo cerrado.

Yo tengo los ojos
abiertos.
Yo veo.
La señorita tiene los
ojos cerrados.
Ella no ve.

Ahora sus ojos están
abiertos.
Ella ve.
¿Qué ve ella?
Ella me ve.
Yo la veo.

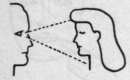

Yo veo a la señorita.
Yo la veo pero ella
no me ve.

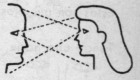

Nosotros tenemos los
ojos abiertos.
Nuestros ojos están
abiertos.

Son los ojos de la
señorita.
Están abiertos.

Son mis ojos.
Ahora están cerrados.

Ahora la señorita ve.

Yo no veo.

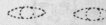

Sus ojos estaban
cerrados.

Mis ojos estaban
abiertos.

Una persona tiene
dos ojos.

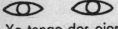

Yo tengo dos ojos.
Estos son mis ojos.

Tengo una nariz.

Esta es mi nariz.

Una persona tiene
una boca.

Esta es mi boca.

Esta persona tiene la
boca abierta.
Dice: "Abierta."

Ahora tiene la boca
cerrada.

No dice nada.

El señor tiene la boca
cerrada.
La boca estará abierta.
El señor dirá "abierta."

Ahora la boca está
abierta.
El señor
dice: "Abierta."

El señor dijo "abierta,"
pero ahora no dice
nada. La boca estaba
abierta.
Ahora está cerrada
otra vez.

Son tres libros.

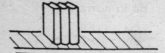

Están en el estante.

Este libro está entre
los otros dos libros.

Estos dos libros están
en el estante.

Yo tomé este libro y
ahora lo tengo en la
mano. Este libro estaba
en el estante. Estaba
entre los otros dos libros.

El libro está abierto.
Son las páginas del
libro.

Esta página está entre
otras dos páginas
del libro.

Son los dedos de
una mano.

Este
dedo está
entre otros dos
dedos de la mano.

¿Ve usted la nariz?
¿La ve usted?

Está entre los ojos.
Está entre los ojos
y la boca.

La boca está debajo
de la nariz.

La nariz está sobre
la boca.

La luz está sobre
la mesa.

El perro está debajo
de la mesa.

¿Qué es? Es un reloj.

¿Dónde está el reloj?
Está en la pared.
Está sobre el estante.

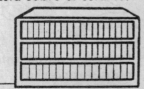

El estante está debajo
del reloj.

Es el pelo de un señor.
¿Lo ve usted?

 El señor tiene
el pelo corto.

Es el pelo de una
señorita.

 Ella tiene el
pelo largo.

Estas son las orejas
del señor.

¿Dónde están las
orejas de la señorita?
¿Las ve usted?

No, no las veo.
Están debajo
del pelo.

Es la cabeza del señor.

Esta es su cara.
Los ojos; la nariz
y la boca son partes
de la cara.

Es la cabeza de
un perro.

El perro tiene ojos,
nariz y boca.
¿Ve usted las orejas
del perro?

¿Qué hora es?
Son las doce.
Es de día.

Es un reloj.
¿Ve usted los números?
¿Qué hora es? Son las
diez y cinco. El
número diez está antes
del número once.
Está después del nueve.
Está entre el nueve
y el once.

¿Qué hora es?
Son las doce otra vez,
pero no es de día.
Es de noche.

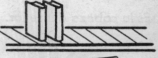

¿Dónde está el número
nueve?
Está entre el ocho y
el diez.
¿Qué números hay
después del diez?
El once y el doce están
después del diez.
¿Qué números hay entre
el seis y el nueve?

Tengo este libro en
la mano. Lo tengo.
El libro estaba en el
estante con los otros
dos libros. Estaba
entre los otros dos
libros. Lo tomé del
estante.

Ahora pongo el libro en el estante.
Lo pongo allí.
El libro estará otra vez entre los otros dos libros.

Ahora está otra vez en el estante.
Yo lo tenía en la mano.
Ahora no lo tengo.
¿Dónde está?

Es un cuarto.
Este cuarto es la sala de una casa.

¿Qué cosas ve usted en la sala?
¿Ve usted el suelo y las tres paredes?
¿Ve usted una puerta y dos ventanas?

¿Está abierta una ventana?
¿Está cerrada la otra ventana?
¿Ve usted un estante de libros entre dos sillas? ¿Ve usted un reloj en la pared sobre el estante? Sí. Yo veo todas esas cosas. Están en la sala de una casa.

Es una cara.
Una persona tiene ojos,
nariz, y boca.
Los ojos, la nariz
y la boca son partes
de la cara.

Son dos manos.
¿Cuántos dedos tiene
una mano? Una mano
tiene cinco dedos.
¿Cuántos dedos tienen
las dos manos?
Las dos manos tienen
diez dedos.

¿Ve usted a este
hombre? ¿Le ve usted?
¿Cuántas cabezas
tiene? ¿Cuántos brazos
tiene? ¿Cuántas
piernas tiene?
¿Cuántos pies tiene?

Tiene una cabeza.
Está aquí.

Tiene dos brazos.
Están aquí.

Tiene dos piernas.
Están aquí.

Tiene dos pies.
Están aquí.

La mujer tiene una
cabeza, dos brazos,
dos piernas y dos pies.
Su cabeza, sus brazos,
sus piernas y sus pies
son partes de su cuerpo.

El hombre tiene
cuerpo.

La mujer tiene
cuerpo.

Los muchachos
tienen cuerpo.

Este niño
tiene
cuerpo.

Es un perro.

Es su cola.

Un perro no tiene
brazos. No tiene
piernas. Tiene cuatro
patas. La cabeza, las
patas y la cola son
partes del perro. Son
partes de su cuerpo.

Esta mesa
tiene cuatro
patas.

Estas son las patas
de la mesa.

Es una silla.
Tiene cuatro
patas.

Estas son las patas
de la silla.

Es un pie.

Estos son los dedos
del pie.
Los dedos son partes
del pie.

Este es un dedo del pie.
¿Lo ve usted?

Es una pierna.
Esta parte de
la pierna es
la rodilla.

Nuestras piernas son
partes de nuestro
cuerpo.

Es el cuello de
una persona.
El cuello es otra
parte del cuerpo.

Es la cara de una
persona.

Esta parte de la cara
es la barbilla. La
barbilla está debajo
de la boca. ¿La ve
usted?

Este hombre tiene un
dedo en la barbilla.

Ahora tiene
una mano
en la cabeza.

Este niño está
de rodillas.

Este niño está
de pie.

Esta mujer tiene un
niño en los brazos.

Este hombre
tiene un
niño en
la rodilla.

El niño y el perro están
juntos en el suelo.
El niño tiene en la mano
la cola del perro.

¿Dónde está el perro?

Las contestaciones están en la página 60.

¿Qué ve usted?

a

b

c

d

e

f

g

h

Las contestaciones están en la página 60.

¿Qué dice este hombre?

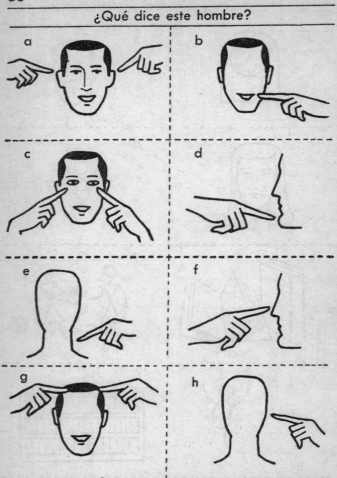

Las contestaciones están en la página 61.

¿Qué ve usted?

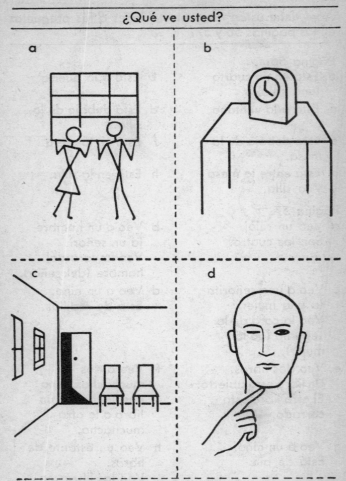

a   b

c   d

Las contestaciones están en la página 61.

Aquí tiene usted las contestaciones a las preguntas en las páginas 56 y 57:

Página 56:

a Está en un cuarto (una sala).

b Está a la puerta.

c Está a la ventana.

d Está debajo de la silla.

e Está debajo de la mesa.

f Está en la mesa.

g Está entre la mesa y la silla.

h Está en la silla.

Página 57:

a Veo un reloj. Son las cuatro.

b Veo a un hombre (a un señor). Veo la cara del hombre (del señor).

c Veo a una señorita (a una mujer). Veo la cara de la señorita (de la mujer).

d Veo a un niño. Está de rodillas.

e Veo dos libros. Un libro está abierto. El otro libro está cerrado.

f Veo a dos muchachas. Una muchacha da un libro a la otra muchacha.

g Veo a un niño. Está de pie.

h Veo un estante de libros. Veo los libros en el estante.

Aquí tiene usted las contestaciones a las preguntas en las páginas 58 y 59:

Página 58:

a Dice: "Son mis orejas."

b Dice: "Es mi boca."

c Dice: "Son mis ojos."

d Dice: "Es mi barbilla."

e Dice: "Es mi cuello."

f Dice: "Es mi nariz."

g Dice: "Es mi pelo."

h Dice: "Es mi cabeza."

Página 59:

a Veo a un muchacho y a una muchacha. Están a la ventana. Están juntos.

b Veo un reloj. Está en una mesa.

c Veo un cuarto. Hay dos sillas en el cuarto. Hay dos ventanas y una puerta en el cuarto. Una ventana está abierta. La otra ventana está cerrada. La puerta del cuarto está abierta.

d Veo a un hombre. Tiene un dedo en la barbilla. Tiene un ojo abierto y el otro ojo cerrado. Tiene la boca cerrada. No tiene pelo en la cabeza.

¿Quién es este hombre?
Es el señor Juan Vargas.
¿Dónde está el señor Vargas?
Está a la puerta de su casa.

El señor mete la mano derecha en el bolsillo.

Después saca una llave del bolsillo.

Es una llave.

Son dos llaves.

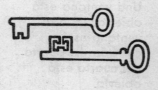

La puerta está cerrada.
Estará abierta.
El señor la abrirá
con la llave.
Meterá la llave en la
cerradura.

Ahora mete la llave
en la cerradura. La
mete en la cerradura.

La cerradura.

Da una vuelta a la
llave.

El señor abre la puerta.
Ahora la puerta
está abierta.

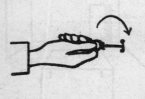

El señor sacó la llave
de la cerradura y la
metió otra vez en
el bolsillo.
Entrará en su casa.

Ahora entra en
su casa.

El señor entró en
su casa.
Ahora está en su casa.
La puerta está cerrada
otra vez.

Este cuarto está en
la casa del
señor Vargas.
¿Está el señor en
el cuarto?

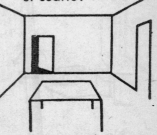

No, no está ahora
pero entrará.

Ahora el señor entra
en el cuarto.
Irá a la mesa.

Entró en el cuarto.
Fué a la mesa.
Tiene el sombrero
en las dos manos.

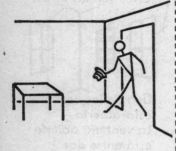

¿Está la señora de
Vargas en el cuarto?

La señora de Vargas
está en la casa pero
en otro cuarto.
Está en otro cuarto
de la casa.

No, ella no está.
¿Dónde está?

¿Quién es esta
persona?
Es la señora
Isabel de Vargas.

Hay dos puertas
en este cuarto.
Esta es una.

Hay tres ventanas en
estas dos paredes.
Esta es una.

Estas son las otras.

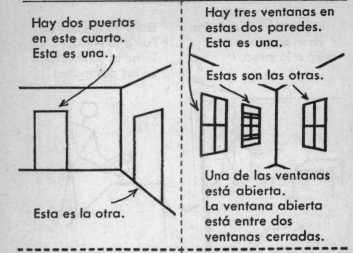

Esta es la otra.

Una de las ventanas
está abierta.
La ventana abierta
está entre dos
ventanas cerradas.

Es una de mis manos.
Es la mano izquierda.

Es uno de los dedos
de mi mano izquierda.

La otra es la mano
derecha.

Estos son los otros.

La señora de Vargas
estaba en este cuarto,
pero ahora no está aquí.

El señor Vargas está
en este cuarto.
Tiene el sombrero
en la mano.

Salió del cuarto.

Lo pondrá en la mesa.

El señor pone el
sombrero en la mesa.
Lo pone allí.

Salió del cuarto.
El sombrero está
en la mesa.

Saldrá del cuarto.

El señor Vargas lo
puso allí.

La señora de Vargas
entra ahora en el
cuarto. ¿La ve usted?

¿Adónde va la señora?
Va a la mesa.

El sombrero está en
la mesa.
Ella lo verá.

Ahora ve el sombrero.
Lo ve.

La señora tomará
el sombrero.
Lo tomará.

Ahora lo toma.

Lo tomó. Ahora lo
tiene en la mano.

Sale del cuarto con
el sombrero del
señor en la mano.

Saldrá del cuarto
con el sombrero
del señor.

La señora entró en
otro cuarto.

¿Qué hay en esta
pared?
Hay otro sombrero
en la pared.

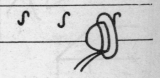

Es un sombrero
de la señora.

La señora pondrá el
sombrero del señor
en la pared.

Ahora los dos
sombreros están
juntos. Están juntos
en la pared.

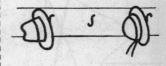

Su sombrero estará
con el otro sombrero.

Entró en el cuarto.
Fué a la mesa.

Ahora el señor entra
otra vez en el cuarto.

Ahora está allí.

El señor ve la mesa
pero no ve el sombrero.
El sombrero no está
en la mesa.

Dice: "¿Dónde está mi
sombrero? Lo puse en
la mesa, pero ahora
no está aquí."

¿Dónde está mi sombrero? No lo tengo en la cabeza.

No hay nada en la mesa.

Isabel, ¿dónde está mi sombrero?

¿Quién es Isabel? Isabel es la señora de Vargas. Ahora ella entra otra vez en el cuarto. El señor la ve y le pregunta: "¿Dónde está mi sombrero?"

El señor dice: "Iré
por mi sombrero."
Después sale del
cuarto.

Toma el sombrero.

Después entra otra
vez en el cuarto.
¿Tiene el sombrero?
Sí. Lo tiene en la mano.

¿Adónde fué el señor?
Fué al otro cuarto.

 76

¿Por qué fué el señor?
Fué por el sombrero.

Tomó el sombrero
y entró otra vez en
el cuarto.

Ahora el señor da el
sombrero a la señora.
Le da el sombrero.

¿Qué hay en
el sombrero,
Isabel?

¿Qué hay en el sombrero?

¿Qué saca la señora del sombrero?

La señora verá lo que es.

¿Qué es?
Es dinero.

¿Ve ella el dinero?
Sí, ella lo ve.

¿Qué ve la señora?
Ve el dinero.
¿Cuánto dinero es?
Son mil pesetas.

El dinero está
en su mano.
Estaba en el sombrero
del señor.

¿Dónde estaba el
sombrero?
Estaba en la mesa.

¿Vió la señora el
dinero?
No, vió el sombrero,
pero no vió el dinero.

La señora no vió
el dinero y puso el
sombrero en el
otro cuarto.
Después el señor fué
allí por el sombrero.

Ahora la señora ve el
dinero y pregunta
al señor:
"¡Oh, Juan! ¿De quién
es este dinero?"

¿Quién fué?
El señor fué.

El señor le contesta:
"Yo estaba en la
calle."

"El viento llevó
mi sombrero."

"Yo fuí por mi
sombrero."

"Lo tomé y vi este
dinero debajo del
sombrero.

Después metí el dinero
en el sombrero."

¿Qué es? Es una
botella de vino.
Está en el estante.
El señor tomará
la botella.

La tomará del estante.

¿Qué hace el señor?
El señor toma la
botella.
La toma del estante.

La tomó del estante.
Ahora pone vino en
dos copas.
Hay vino en una copa.
No hay nada en
la otra.

Ahora hay vino en
las dos copas.
¿Qué hace el señor?

El señor las lleva
a la mesa.

¿Qué ve usted?
Son dos platos
de sopa.
La sopa está en
los platos.

¿Qué hace el señor
ahora?
Tiene dos sillas en
las manos.
Las lleva a la mesa.

Ahora la señora está
sentada a la mesa.
El señor no está
sentado.
Está de pie.

¿Qué hace? Mueve la
silla de la señora.

Ahora el señor
está sentado.

Los dos están sentados
a la mesa.

Los señores Vargas
tomarán el vino.

El señor tiene su
copa en la mano.

Ahora tienen su copa
en la mano.

La señora tiene su
copa en la mano.

Ahora toman el vino.

Después toman la sopa.
Tienen una cuchara
en la mano.
Tenían una copa en la
mano, pero ahora no
la tienen.

¿Qué haremos con nuestro dinero?

Yo compraré un vestido nuevo.

Es un vestido.
Es un vestido nuevo.

Este vestido no es nuevo.
Es viejo.

Yo compraré una pipa nueva.

Es una pipa.
Es una pipa nueva.

Esta pipa es vieja.

La señora de Vargas
compra el vestido
nuevo. Está en una
tienda. La otra mujer
tiene dos vestidos en
las manos.

Es una tienda.
Es una tienda de ropa.

Hay vestidos,
sombreros y zapatos
en la tienda.

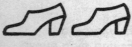

Son zapatos.

Son medias.

Son guantes.

Todas estas cosas
son ropa.
Están en la tienda
de ropa.

¿Qué son estas cosas?

a

b

c

d

e

f

g

h

Las contestaciones están en la página 88.

¿Qué hace el señor?

a

b

c

d

e

f

g

h ¿Dónde está mi sombrero?

Las contestaciones están en la página 88.

¿Qué ve usted?

a

b

c

d

Las contestaciones están en la página 88.

Aquí tiene usted las contestaciones a las preguntas en las páginas 85, 86 y 87:

Página 85:

a Es una cerradura.

b Son zapatos.

c Es dinero.

d Son una copa y una botella de vino.

e Es una pipa.

f Son una cuchara y un plato de sopa.

g Son guantes.

h Son medias.

Página 86:

a Mete la llave en la cerradura.

b Entra en la casa.

c Saca una llave del bolsillo.

d Toma una botella del estante.

e Mueve la silla de la señora.

f Abre la ventana.

g Sale del cuarto.

h Pregunta (Dice): "¿Dónde está mi sombrero?"

Página 87:

a Veo a una mujer y a un hombre. Están sentados a la mesa. Tienen una cuchara en la mano. Toman la sopa.

b Veo a un hombre. Está en la calle. El viento lleva el sombrero del hombre.

c Veo a dos mujeres. Están en una tienda. Una mujer tiene dos vestidos en las manos. La otra mujer compra un vestido nuevo.

d Veo a un hombre. Tiene dos sillas. Las lleva a la mesa. Hay dos copas de vino en la mesa.

¿Cuánto dinero tiene usted?

Lo contaré: una, dos, tres, cuatro, cinco, seis, siete, ocho, nueve.

Tengo nueve pesetas.

Uno, dos, tres, etc. son números.
Dos o tres números juntos hacen una cifra. Diez, once y doce son cifras.
¿Qué cifras hay después del doce?

Trece	(13)
Catorce	(14)
Quince	(15)
Dieciséis	(16)
Diecisiete	(17)
Dieciocho	(18)
Diecinueve	(19)
Veinte	(20)

Veintiuno	(21)	Treinta y uno	(31)
Veintidós	(22)	Treinta y dos	(32)
Veintitrés	(23)		
Veinticuatro	(24)	Cuarenta	(40)
Veinticinco	(25)	Cuarenta y uno	(41)
Veintiséis	(26)		
Veintisiete	(27)	Cincuenta	(50)
Veintiocho	(28)	Sesenta	(60)
Veintinueve	(29)	Setenta	(70)
Treinta	(30)	Ochenta	(80)
		Noventa	(90)
		Ciento	(100)

La manzana está
en una rama.

Levanta la
mano y toma
la manzana.
La toma de
la rama.
Ahora la
manzana está
en la mano.

Está sobre la cabeza
de la muchacha. Ella
tomará la manzana.
Levantará la mano.

La muchacha
tomó la
manzana.
La tiene en la
mano. Ahora
la pone en la
cesta.

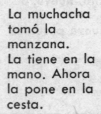

Puso la manzana en la
cesta. La tenía en la
mano antes de ponerla
en la cesta. La
manzana estaba en la
rama antes de estar
en la cesta.

Después de tomar la
manzana, la muchacha
la puso en la cesta.
La cesta está ahora
en la tierra.

¿Cuándo estaba la manzana en la rama? ¿Cuándo estaba sobre la cabeza de la muchacha?

Estaba allí antes de estar en la mano de la muchacha.

¿Cuándo la tomó la muchacha?

La tomó después de levantar la mano.

¿Cuándo la puso en la cesta?

La puso en la cesta después de tomarla de la rama.

¿Cuándo tenía la manzana en la mano?

La tenía en la mano después de tomarla de la rama y antes de ponerla en la cesta.

¿Quién es esta mujer?
Esta mujer es María.
Está en la casa de los
señores Vargas.

¿Qué tiene María en
las manos?
Tiene una bandeja.

Hace las cosas
de la casa.
Es una criada.

¿Dónde está la
bandeja?
Está en las manos
de la criada.

María lleva la bandeja
a la mesa.
La pondrá en la mesa.

Ahora pone la
bandeja en la mesa.

María puso la bandeja en la mesa.

Aquí tiene usted la bandeja.
¿Ve usted lo que hay en la bandeja?

La bandeja estaba en sus manos antes de estar en la mesa.

¿Qué son estas cosas?

¿Qué son?
Son dos vasos.

¿Qué son?
Son dos tenedores.

¿Qué es?
Es un cuchillo.

¿Qué son?
Son dos cuchillos.

¿Qué son?
Son dos cucharas.

¿Qué es?
Es una cuchara.

¿Qué es?
Es un plato.

¿Qué son?
Son tres platos.

¿Qué tiene María
en las manos?
Tiene un cuchillo en
una mano y un tenedor
en la otra. Los tomó
de la bandeja.

Ahora los pone en
la mesa. Después
pondrá los platos allí.

Ahora pone los platos
en la mesa.

Puso los cuchillos,
los tenedores, las
cucharas, los platos
y los vasos en la mesa.
Puso todas estas
cosas en la mesa.

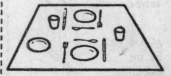

María irá de la mesa a la puerta.

Va a la puerta. La puerta está cerrada. Ella la abrirá, y después saldrá del cuarto.

Ahora la puerta está abierta. María la abrió. ¿Dónde está María? Salió del cuarto. Ahora está en otro cuarto.

María estaba en este cuarto antes de salir. Ahora no está.

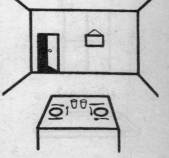

¿Qué es?

Es un cuchillo.

¿Qué es?

¿Qué es?

¿Qué es?

¿Qué son?

¿Qué es?

¿Qué es?

¿Qué es?

¿Qué es?

¿Qué son?

¿Qué son?

¿Qué es?

¿Qué es?

¿Qué son estas cosas?

La criada hace la sopa.

Es un plato de sopa.

María hace la sopa
de leche y patatas.

La vaca es un animal.
Aquí tiene usted
otros animales.

El cerdo
es un animal.

La oveja
es un animal.

El caballo
también
es un animal.

¿Qué es una patata?
Aquí tiene usted unas
patatas.

¿Qué es leche?
Aquí tiene usted
una botella
de leche.
Es leche de vaca.
Es una vaca.

Las vacas nos dan
la leche.

María pone leche en
una taza.
La leche estará en
la taza.

La manzana está en la tierra. La patata está en la tierra.

Es una planta. Es la planta de la patata.

Pero no están juntas. La manzana está sobre la tierra. La patata está dentro de la tierra.

Tiene sus raíces dentro de la tierra. ¿Dónde están las patatas? Están dentro de la tierra con las raíces. Sacamos las patatas de la tierra.

Es otra planta.

Es la flor de la planta.

Son unas hojas.

Es la fruta.

Es una rama.

Son las raíces.

¿Dónde están las hojas de una planta? Están en las ramas. ¿Dónde están las raíces? Están dentro de la tierra. ¿Dónde están las patatas? Están dentro de la tierra también.

La criada hace la sopa
en una cacerola.
La cacerola está
sobre la estufa.
María mueve la sopa
con una cuchara.

Aquí tiene usted la
cacerola.

Esta es la tapa de
la cacerola.

María puso las patatas
con agua en la
cacerola. Puso la
cacerola sobre la
estufa. Ahora el agua
está hirviendo.
¿Ve usted el vapor?

212° 100°   El vapor
sale de
la cacerola.

La cacerola está sobre
la estufa.
Hay una llama debajo
de la cacerola.
La llama está en
la estufa.
La cacerola está
sobre la llama.

El agua en esta
botella está
hirviendo.
¿Ve usted el
vapor?

Es hielo.

¿Por qué está
hirviendo?
El agua está hirviendo
porque está sobre
la llama.
La llama es caliente.

El hielo está en el
agua.

Es una bandeja para
hielo.

El hielo no es caliente.
Es frío.

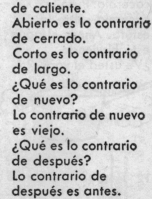

Frío es lo contrario
de caliente.
Abierto es lo contrario
de cerrado.
Corto es lo contrario
de largo.
¿Qué es lo contrario
de nuevo?
Lo contrario de nuevo
es viejo.
¿Qué es lo contrario
de después?
Lo contrario de
después es antes.

Es un pájaro.
Está en la rama de
un árbol.

Es un avión.
Está en el aire.
Va por el aire.

Los otros pájaros
no están
en el árbol.
Están en el aire.

Estos aviones no están
en el aire.

El aire entra
por la nariz
y por la boca.

¿Ve usted el aire?
No, no lo veo.

No veo
el viento.

Después sale.

Cuando el
aire sale,
está caliente.

El viento mueve
las hojas
del árbol.
Veo el árbol pero
no veo el viento.

La llama de la estufa es caliente.
El agua en la cacerola está caliente.
El aire del cuarto está caliente también.
Hace calor en el cuarto.

Hace calor en este cuarto.
Yo tengo calor.

En otro cuarto hace frío.
Este señor tiene frío.

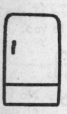

¿Qué es?
Es el refrigerador.
Hace frío en el refrigerador.
Ahora la puerta del refrigerador está cerrada.

Ahora la puerta del refrigerador está abierta.
¿Ve usted las bandejas para hielo?

Es una botella de leche.

Son huevos.

La leche y los huevos están en el refrigerador.

¿Qué es un reloj?

Un reloj es un aparato para medir el tiempo.
Tres horas es mucho tiempo.
Cinco minutos no es mucho tiempo.

Aquí tiene usted un aparato para medir el calor.

Hace mucho calor.

Hace calor.

Hace frío.

Hace mucho frío.

Es una caja.

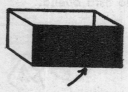

Este es un lado de la caja.

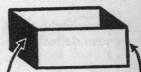

Estos son otros dos lados de la caja.
Los lados de la caja son delgados.

_____

Esta línea es delgada.

_____

Esta línea es gruesa.

Son los lados del
refrigerador.
Los lados del refrigerador
son gruesos.

Aire
Caliente

Aire
Frío

Aire
Caliente

El aire caliente del
cuarto no entra en el
refrigerador porque
los lados son gruesos.

Los lados gruesos del
refrigerador no dejan
entrar el aire caliente
cuando la puerta
está cerrada.
María puso la leche
y los huevos en el
refrigerador porque
allí hace frío. La leche
está buena porque está
en el refrigerador.

Este muchacho toma
un vaso de leche.

La leche en este vaso
no estaba en el
refrigerador.
No está buena.

La leche está buena.
El muchacho está
contento.

El muchacho no está
contento.
No tomará esta leche.

Es carne.

La carne está buena
porque estaba en el
refrigerador.

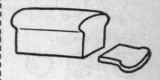

Es pan.

Es queso.

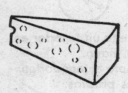

Hacemos queso de
la leche.

Es mantequilla.

Hacemos mantequilla
de la leche también.
Tomamos pan con
mantequilla.

Son manzanas.

Son naranjas.

Las manzanas y las naranjas son fruta.

¿Qué hora es?

Son las siete.

María va a hacer la sopa.

Ahora son las siete y media.
María hace la sopa.
Las patatas están en la cacerola. Ahora el agua está hirviendo.

Son las ocho menos veinte.
¿Qué hace María?

Tiene un tenedor en la mano.
Mete el tenedor en las patatas.

Las patatas están
duras.
El tenedor no entra
en ellas.

Son las ocho menos
diez.
¿Están duras las
patatas ahora?

Ahora las patatas
no están duras.
Están blandas.
El tenedor entra
en ellas.
Blando es lo contrario
de duro.

María saca las patatas
de la cacerola y las
pone en un plato.

Ahora las patatas
están en el plato.

Estaban en la cacerola.

Las patatas están
blandas.
María hace un puré
de patatas.

Tiene un tenedor
en la mano.

Este pan está blando.

Esta carne está blanda.

El cuchillo es duro y el
vaso es duro también.
El cuchillo no entra en
el vaso porque el
vaso es duro.

La mantequilla es
blanda.

Este muchacho tiene
un pedazo de queso
entre los dedos.

Va a tomar el queso.
Lo pone en la boca.

¿Ve usted el queso?
El muchacho lo tiene.

Ahora el queso está
entre los dientes.

Este queso no está
blando.
Está duro.

¿Dónde están los
dientes?
Los dientes están
dentro de la boca.

Estos son dientes.

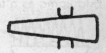

Los dientes del
muchacho no entran
en el queso.

María puso el puré de patatas otra vez en la cacerola. Lo puso allí con leche y sal.
¿Ve usted la sal?

Puso la cacerola otra vez sobre la estufa. Puso la tapa sobre la cacerola.
¿Hay una llama debajo de la cacerola?

Sí, pero es una llama baja.

Esta llama es baja.

Esta llama es alta.

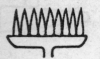

Alto es lo contrario de bajo.

Aquí tiene usted dos edificios.
Este edificio es alto.

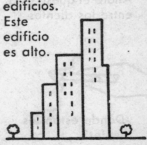

Este edificio es bajo.

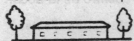

¿Qué hora es?
Son las ocho.

La criada
va a probar
la sopa.

Ahora prueba la sopa.
La sopa está buena.
María la hizo bien.
Está contenta.

Ahora pone la sopa
en los platos.

Ahora la sopa está
en los platos.

Antes de estar en los
platos, estaba en la
cacerola.

¿Quién hizo la sopa?
María la hizo.
La puso en los platos y
los llevó a la mesa.

Ahora los platos están
en la mesa. La sopa
está lista.
La señora y el señor
la tomarán.

La sopa,

la leche,

las patatas,

la carne, el pan,

la mantequilla, el queso,

las manzanas

y las naranjas
son unas clases
de comida.
Son diferentes clases
de comida.

Una manzana.

Una naranja.

Las manzanas y las
naranjas son diferentes
clases de fruta.

Estos vasos son
diferentes.

Estas cajas son
diferentes.

Son diferentes clases
de cajas.

Los vasos, las cajas,
los vestidos y las
bandejas son
diferentes clases de
cosas.
Los hombres y las
mujeres son diferentes
clases de personas.
Los señores y los
muchachos son
hombres. Las señoras,
las señoritas y las
muchachas son
mujeres.

Las vacas,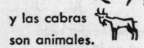

las ovejas,

los cerdos,

los caballos

y las cabras
son animales.

Son diferentes
clases de animales.

Aquí tiene usted unas
plantas diferentes.

Los árboles son una
clase de planta.
Son plantas altas.

Esta es la hoja
de una clase
de planta.

Esta es la hoja
de otra clase
 de planta.
Son diferentes.

Estas cestas son
iguales.

Estas cestas no son
iguales. Son diferentes.

Estas son iguales.

Estas son diferentes.

Igual es lo contrario
de diferente.

¿Son iguales estos
platos? Sí, son iguales.

¿Son iguales estos
platos? No, son
diferentes.

¿Son iguales
estos vasos?

¿Son iguales
estos vasos?

Estas son dos personas.
Son una mujer y un
muchacho.

Son una mujer y
una muchacha.

El muchacho es el hijo
de la mujer. La mujer
es la madre de él.
Es su madre.

La muchacha es la
hija de la mujer.
La mujer es la madre
de ella.
Es su madre.

Son un hombre y
su hijo.

Son un hombre
y su hija.

El hombre es el padre
del muchacho.
Es su padre.

El hombre es el padre
de la muchacha.
Es su padre.

Estos son los
muchachos.

La muchacha es la
hermana del muchacho.
Es su hermana.

El muchacho es el
hermano de la
muchacha. Es su
hermano.

Estos son los padres
de dos hijos y tres hijas.

La mujer es la esposa
del hombre.
El es el esposo de ella.

Este muchacho tiene
un hermano y tres
hermanas.

Esta muchacha tiene
dos hermanos y
dos hermanas.

Los cinco muchachos
con sus padres son una
familia. Es una familia
de siete personas.

Son los señores Vargas con su hija Juanita.

Están sentados a la mesa.
Toman la sopa de patatas.

La sopa de patatas es una clase de sopa. Una parte de la cuchara está dentro de la sopa. Usted no ve toda la cuchara. ¿Por qué? Porque la sopa no es clara.

Este vaso tiene agua. El agua es clara. Es transparente. Veo la pared a través del agua.

Este vaso tiene leche. La leche no es transparente. No veo la pared a través de la leche.

El aire es claro. Veo las montañas. ¿Son altas las montañas? Sí, son muy altas.

Esta sopa es clara.
Es transparente.
¿Ve usted toda la
cuchara?

¿Quién es esta
persona?

Es la criada.
Ella hizo la sopa.
Es la criada que
hizo la sopa.

¿Qué es?
Es la sopa.
La criada la hizo.
Es la sopa que
la criada hizo.

Esta es una botella.
Tiene leche.
Esta es una botella
que tiene leche.
Es una botella de leche.

Esta es una cuchara.
La tengo en la mano.
Esta es la cuchara que
tengo en la mano.

Este es un vaso
de agua.
Está en
la mesa.
Este es
el vaso
de agua
que está
en la mesa.

Este es un hueso.
Un perro lo tenía en
la boca.
Este es el hueso que
el perro tenía en
la boca.

Este es un perro.
Tenía el hueso
en la boca.

Este es el perro que
tenía el hueso en
la boca.

Aquí tiene usted unas preguntas:

a ¿Qué hora es?

b ¿Qué son?

c ¿Qué es?

d ¿Qué son?

e ¿Qué son?
¿Dónde están?

f ¿Qué es?

g ¿Qué es?

h ¿Qué es?

Las contestaciones están en la página 122.

Aquí tiene usted otras preguntas:

a ¿Qué es?

b ¿Qué es?

c ¿Qué son?

d ¿Qué es?

e ¿Qué es?

f ¿Qué es?

g ¿Qué es?

h ¿Qué es?

Las contestaciones están en la página 122.

Aquí tiene usted otras preguntas:

a Es una familia.

¿Qué ve usted?

b Es una planta.

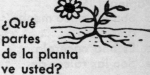

¿Qué partes de la planta ve usted?

c Es un refrigerador. ¿Qué ve usted en el refrigerador?

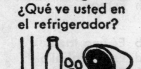

d Es un perro.

¿Qué partes del perro ve usted?

e ¿Qué ve usted?

f ¿Qué ve usted?

g ¿Qué ve usted?

h ¿Qué ve usted?

Las contestaciones están en la página 122.

Aquí tiene usted las contestaciones a las preguntas en las páginas 119, 120 y 121:

Página 119:

a Son las cinco menos dieciocho.

b Son dos manzanas.

c Es una cacerola.

d Son hojas.

e Son las raíces de una planta. Están dentro de la tierra.

f Es una botella de leche.

g Es mantequilla.

h Es pan.

Página 120:

a Es queso.

b Es una taza.

c Son llamas.

d Es un caballo.

e Es un edificio alto.

f Es una caja con su tapa.

g Es un cerdo.

h Es una oveja.

Página 121:

a Veo al padre, a la madre, al hijo y a la hija. (Veo a los padres y a los hijos.)

b Veo las raíces, la flor y las hojas de la planta.

c Veo leche, huevos y carne en el refrigerador.

d Veo la cabeza, las patas y la cola del perro.

e Veo un hueso en el suelo y una pata de la mesa.

f Veo dos copas. Hay vino en una copa.

g Veo a una señorita que tiene una cuchara en la mano. Toma (Prueba) la sopa.

h Veo a un señor que tiene un vaso de agua en la mano. Toma el agua.

Aquí tiene usted otras preguntas:

a ¿Qué ve usted?

b ¿Qué ve usted?

c ¿Qué hace la muchacha?

¿Dónde está la manzana?

d ¿Dónde pondrá la muchacha la manzana?

e ¿Qué clase de sopa hizo la criada?

f ¿Qué clase de animal nos da la leche?

g ¿Qué clase de fruta toma usted?

h ¿Qué personas hay en la familia de usted?

Las contestaciones están en la página 126.

Aquí tiene usted otras preguntas:

a Es un
vaso
de leche.

¿Es transparente
la leche?
¿Ve usted la pared
a través de la leche?

b ¿Qué ve usted por
la ventana?

---

c ¿Es duro un vaso?

d ¿Es fría la llama?

e ¿Es clara el agua?

f ¿Es frío el hielo?

---

g ¿Son iguales estos
huevos?

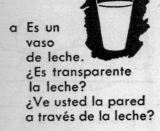

¿Son iguales estas
cajas?

h ¿Qué hace la
criada?

Las contestaciones están en la página 127.

Aquí tiene usted otras preguntas:

a ¿Qué hace el viento?

b ¿Qué hace el señor?

c ¿Qué hacen los señores?

d ¿Qué son?

e ¿Por qué no entra en el refrigerador el aire caliente del cuarto?

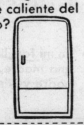

f ¿Qué es lo contrario de grueso?
¿Qué es lo contrario de igual?
¿Qué es lo contrario de duro?

Las contestaciones están en la página 127.

Aquí tiene usted las contestaciones a las preguntas en la página 123:

a Veo a la criada. Tiene una bandeja en la mano. Hay platos y vasos en la bandeja.

b Veo una cacerola. Está sobre la estufa (la llama). El agua está hirviendo. El vapor sale de la cacerola.

c La muchacha levanta la mano. Tomará la manzana. La manzana está en la rama sobre la cabeza de la muchacha.

d La muchacha pondrá la manzana en la cesta.

e La criada hizo una sopa de patatas.

f La vaca nos da la leche.

g Tomo las manzanas y las naranjas.

h En mi familia hay una madre, un padre y—hijos.

Aquí tiene usted las contestaciones a las preguntas en las páginas 124 y 125:

Página 124:

a No, la leche no es transparente. No veo la pared a través de la leche.

b Por la ventana veo una casa y unas montañas altas.

c Sí, el vaso es duro.

d No, la llama no es fría. Es caliente.

e Sí, el agua es clara.

f Sí, el hielo es frío.

g Sí, estos huevos son iguales. No, estas cajas no son iguales. Son diferentes.

h La criada pone sal en la cacerola.

Página 125:

a El viento lleva (levanta) el sombrero del señor.

b El señor pone el sombrero en la cabeza.

c Los señores toman vino. Tienen una copa en la mano.

d Son un aparato para medir el tiempo (un reloj), y un aparato para medir el calor.

e El aire caliente del cuarto no entra en el refrigerador porque la puerta está cerrada y los lados son gruesos.

f Delgado es lo contrario de grueso. Diferente es lo contrario de igual. Blando es lo contrario de duro.

A FIRST WORKBOOK
of
SPANISH

CONTENTS

PREFACE

The workbook exercises are graded to confirm and support the sentence sequences in the first 118 pages of the text. They apply the teaching of vocabulary and structure in simple problem situations which the beginner in Spanish can solve, stage by stage, for himself. He may then check his growing competence by the answers provided.

The workbook should be used without recourse to explanations other than the pictures and examples provided, and the text of *Spanish Through Pictures, Book I*, which it follows. Teachers using the materials with classes will get the best results if they refrain from the use of translation and bilingual dictionaries. Simple demonstration of the sentence situations presented in the book can readily be made with the help of objects and pictures. Students can be induced to act out the meaning of what they are saying when they are placed in the carefully designed situations that the text provides. Adequate study of these sentence situations will prepare them to solve these workbook problems with enjoyment.

Acknowledgments are due to Ruth Romero for the design of most of the exercises and to Mario Romero for the drawings.

CHRISTINE M. GIBSON

Usted es un hombre.
Ella es una mujer.
✔ Yo soy una mujer.
Usted es un muchacho.

1. *Yo soy una mujer.*

2. _____

   _____

3. _____

   _____

4. _____

   _____

2

Ella es una muchacha.
Yo soy un muchacho.
El es un hombre.
Yo soy un hombre.

5. _____

_____

6. _____

_____

7. _____

_____

8. _____

_____

3

un sombrero
una mano
una mujer
una cabeza

un muchacho
✔ una muchacha
una mesa
un hombre

1. Es *una muchacha*.

2. Es _____ _____.

3. Es _____ _____.

4. Es _____

_____.

5. Es _____

_____.

6. Es _____

_____.

7. Es _____

_____.

8. Es _____

_____.

5

<u>mi</u>   <u>su</u>

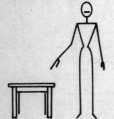

1. "Es *mi* sombrero."

2. "Es _____ sombrero."

3. "Es _____ mesa."

4. "Es _____ mesa."

6

1. *Es el señor García.*

2. _____

_____

Señor Rosas

3. _____

_____

4. _____

_____

Señora de Vargas

5. _____

_____

7

1. Yo soy _un_ hombre.
   (un, una)

   Soy _el_ señor Vargas.
   (el, la)

2. Ella es _____ mujer.
   (un, una)

   Es _____ señorita Gómez.
   (el, la)

3. Es _____ cabeza.
   (un, una)

   Es _____ cabeza.
   (mi, su)

8

4. Usted _____ un sombrero.
   (tengo, tiene)

   Es _____ sombrero.
   (mi, su)

5. Yo _____ mi sombrero
   (tengo, tiene)

   en la _____.
   (cabeza, mano)

6. Ella _____ su sombrero
   (tengo, tiene)

   en la _____.
   (cabeza, mano)

1. Usted _____ un sombrero.
      (tengo, tiene)

  Es _____ sombrero.
    (su, sus)

2. Usted tiene _____
               (un, dos)

   sombreros.

   Son _____ sombreros.
     (su, sus)

3. Yo tengo dos _____.
         (mano, manos)

  Son _____ manos.
    (mi, mis)

4. _____ tiene dos manos.
   (El, Ella)

   _____ sus manos.
   (Es, Son)

5. Ella tiene un

   _____
       (sombrero, sombreros)

   en _____ mano derecha.
       (el, la)

6. Es la mano

   _____.
       (derecha, izquierda)

   Es la mano

   _____.
       (derecha, izquierda)

11

tomará   pone   ✔ pondrá
puso   tomó   toma

1. El hombre *pondrá*
   el sombrero en la mesa.

2. El hombre _____
   el sombrero en la mesa.

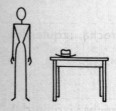

3. El hombre _____
   el sombrero en la mesa.

12

4. La mujer _____ el
   sombrero de la mesa.

5. La mujer _____ el
   sombrero de la mesa.

6. La mujer _____ el
   sombrero de la mesa.

13

La mujer pondrá el sombrero en su cabeza.
✔ El hombre tiene una mesa en sus manos.
La muchacha puso su cabeza en la mesa.
El muchacho toma dos sombreros de la mesa.
La señorita tiene la mano izquierda en su cabeza.

1. *El hombre tiene una mesa en sus manos.*

2. _____

_____

14

3. _____

   _____

4. _____

   _____

5. _____

   _____

1. Son *dos sombreros*.

2. Es _____ _____.

3. Son _____ _____.

4. Son _____ _____.

5. Es _____ _____.

6. Son _____ _____.

16

El   **Ella**   **Ellos**   **Ellas**

1. <u>El</u> es un muchacho.

2. _____ es una mujer.

3. _____ son dos hombres.

4. _____ son tres muchachas.

5. _____ es un hombre.

6. _____ son dos mujeres.

17

Nosotros somos dos hombres.
Ellas son tres mujeres.
Ustedes son dos muchachas.
✔ Ellos son dos muchachos.
Nosotras somos tres muchachas.
Ustedes son dos hombres.

1. *Ellos son dos muchachos.*

2. _____

3. _____

18

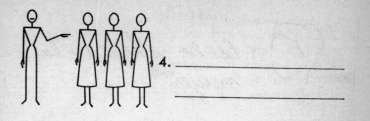

4. _____

_____

5. _____

_____

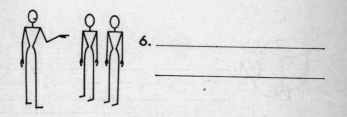

6. _____

_____

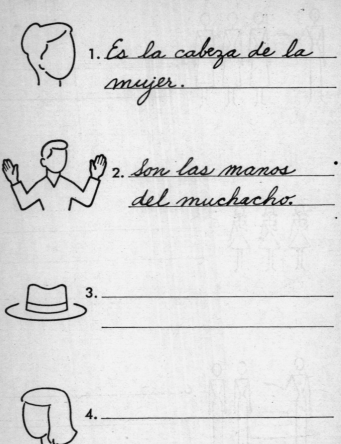

1. Es la cabeza de la mujer.

2. Son las manos del muchacho.

3. _____

4. _____

5. _____

_____

6. _____

_____

7. _____

_____

8. _____

_____

21

✔tomaré   tomé   pondré
puse   pongo   tomo

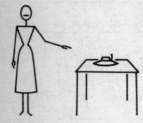

1. Es mi sombrero.

Tomaré _____ el

sombrero de la mesa.

2. Ahora _____

el sombrero de la mesa.

3. _____

el sombrero de la mesa.

4. _____ el

sombrero en mi cabeza.

5. Ahora _____

el sombrero en mi cabeza.

6. _____ el

sombrero en mi cabeza.

23

1. Es *un muchacho*.

   Está *aquí*.

2. Es _____ _____.

   Está _____.

3. Es _____ _____.

   Está _____.

24

4. Son _____ _____.

   Están _____.

5. Son _____ _____.

   Están _____.

6. Es _____ _____.

   Está _____.

25

1. Yo *soy* un hombre.

Yo *estoy* aquí.

2. Ella _____

una mujer.

Ella _____

allí.

3. El _____ un

hombre.

Está _____

26

4. Nosotros _____

dos hombres.

Nosotros _____

aquí.

5. Usted _____

una mujer.

Usted _____

aquí.

6. Ustedes _____

dos muchachos.

Ustedes _____

allí.

27

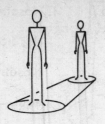

1. *Este* _____ señor está aquí.

   Ese _____ señor está allí.

2. _____ muchacho está allí.

   _____ muchacha está allí.

3. _____ muchacha

   está aquí.

   _____ muchacha

   está allí.

4. _____ señor

está aquí.

_____ señora

está allí.

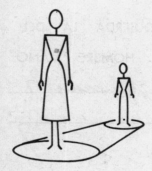

5. _____ señora

está aquí.

_____ muchacho

está allí.

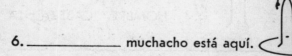

6. _____ muchacho está aquí.

_____ muchacha está aquí.

1. MUCHACHA   ES   ELLA   UNA

Ella es una muchacha.

2. IZQUIERDA   LA   DEL

    ES   HOMBRE   MANO

Es la mano izquierda
del hombre.

3. EL   EN   ESTE

    TIENE   SOMBRERO

    HOMBRE   CABEZA   LA

_____

_____

4. AQUÍ ESTA

ESTÁ MUCHACHA

5. LA MESAS

TIENE

MUJER DOS

6. SOMBRERO PONE

EL SU HOMBRE

EN CABEZA EL

1. Es *un barco*.

   Está *en el agua*.

2. Es _____ _____.

   Está _____ _____.

3. Es _____ _____.

   Está _____ _____ _____.

32

4. Son _____ _____.

   Están _____ _____ _____.

5. Es _____ _____.

   Está_____ _____ _____.

6. Es _____ _____.

   Está_____ _____ _____.

Estos muchachos están en un barco.
Dos pájaros están en el agua.
La botella estará en la mesa.
✔ Toma una botella de la mesa.
La mano izquierda del hombre está en la mesa.
Pone agua en un vaso.
Puse mi sombrero en la cabeza.

1. *Toma una botella de la mesa.*

2. _____

3. _____

34

4. _____

_____

5. _____

_____

6. _____

_____

_____

7. _____

_____

_____

1. _Este_ hombre _y_ esta

mujer están aquí.

2. Son _____ pájaros.

Estos pájaros _____ aquí.

3. El agua _____ en la botella.

Estará en el _____.

4. Esos dos _____ están en el _____.

5. _____ dos muchachas están aquí.

6. Son una botella _____ un

_____. Están _____ la mesa.

37

7. Ese muchacho y _____

   muchacha están _____.

8. _____ tres vasos están allí.

9. _____ muchachas están allí.

1. El barco *está*
   (está, no está)

   en el agua.

2. La botella

   _____ agua.
   (tiene, no tiene)

3. Ella _____
   (es, no es)

   una mujer.

4. El muchacho _____
   (toma, no toma)

   el barco del agua.

5. Los pájaros _____
   (están, no están)

   en el barco.

6. Las mujeres _____
   (ponen, no ponen)

   sus sombreros en la mesa.

1. Son *dos* manos.
   Son *las* manos
   del hombre.

2. Son _____ brazos.
   Son _____ brazos _____ hombre.

3. Es _____ cabeza.
   Es _____ cabeza _____ la muchacha.

4. Son _____ pies.
   Son _____ pies
   _____ muchacho.

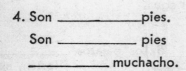

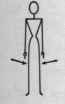

5. Son _____ piernas.
   Son _____ piernas
   _____ hombre.

1. Yo _soy_____ una muchacha.
   (soy, es)

2. Yo _____ aquí.
   (soy, estoy)

3. Yo tengo _____ manos.
   (dos, tres)

4. _____ son mis manos.
   (Estos, Estas)

5. _____ son mis pies.
   (Estos, Estas)

6. Esta _____ mi cabeza.
   (es, está)

7. _____ muchacha está aquí.
   (Esta, Esa)

8. _____ es María Gómez.
   (El, Ella)

9. Esas son _____ manos _____ María.
   (los, las)   (de, del)

10. María _____ un sombrero _____ la
    (tengo, tiene)   (en, de)
    cabeza.

11. _____ somos dos muchachas.
    (Nosotros, Nosotras)

1. Es la puerta _de_ un cuarto.

Está _abierta_ .

2. Son dos _____.

Una puerta _____ abierta.

La otra puerta está _____.

3. Este es un _____.

Hay una ventana en esta _____.

Está _____.

42

4. Hay _____ ventanas en este

_____.

Una _____ está cerrada.

La _____ ventana está

_____.

_____ una mesa en este

_____.

Hay una _____ en la mesa.

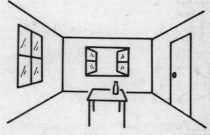

Este es el _____ del cuarto.

1. _Esta_ es _una_ mesa.

2. _____ es _____ botella.

3. _____ es _____ señor.

4. _____ es _____ mano.

5. _____ es _____ mujer.

6. _____ es _____ pared.

7. _____ es _____ pie.

8. _____ es _____ calle.

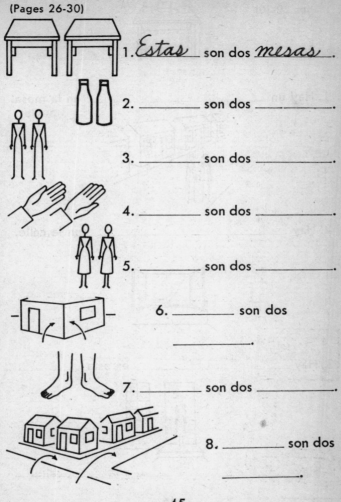

1. *Estas* son dos *mesas*.

2. _____ son dos _____.

3. _____ son dos _____.

4. _____ son dos _____.

5. _____ son dos _____.

6. _____ son dos

_____.

7. _____ son dos _____.

8. _____ son dos

_____.

1. Hay un _____ en la mesa.

2. Hay _____ _____ en la calle.

3. Hay _____ en esta_____.

4. Hay _____ _____ a la _____.

5. Hay _____ . _____ en

_____ . _____ .

6. Hay _____ . _____ en _____

_____ . _____ .

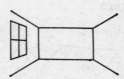

7. Hay _____ . _____ _____

_____ . _____ .

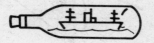

8. _____ . _____ _____

_____ . _____ .

1. Hay tres <u>casas</u>

en esta calle.

La mujer _____ en la calle.

Tiene un sombrero _____ la cabeza.

La mujer irá _____ su casa.

2. La mujer _____ a su casa.

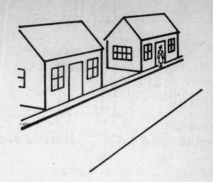

3. La mujer _____ a su casa.

4. Ahora la mujer está a la

_____ de su _____.

Estaba en la _____.

La puerta de la casa está _____.

La ventana está _____.

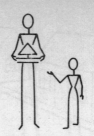

1. El hombre _dará_ el barco al muchacho.

   _Le_ dará el barco.

2. El hombre _____

   el barco al muchacho.

   _____ da el barco.

3. El hombre _____ el barco al muchacho.

   _____ dió el barco.

50

4. El muchacho _____ el barco en el agua.

5. El muchacho _____ el barco en el agua.

6. El muchacho _____ el barco en el agua.

51

7. El pájaro _____

el barco del agua.

8. El pájaro _____ el barco del agua.

9. El pájaro _____

el barco del agua.

52

10. "Yo ＿＿＿＿＿＿＿ otro barco al muchacho."

11. "Yo le ＿＿＿＿＿＿＿ el otro barco."

12. "Le ＿＿＿＿＿＿＿ el otro barco."

1. ¿Qué es?

Es una ventana.

2. ¿Qué es?

_____

3. ¿Qué son?

_____

4. ¿Qué es?

_____

5. ¿Qué es?

_____

6. ¿Qué son? _____

_____

54

1. ¿Es un brazo?

Sí, es un brazo.

2. ¿Es una calle?

No, no es una calle. Es una casa.

3. ¿Es una pierna?

_____

_____

4. ¿Es un vaso?

_____

_____

5. ¿Son dos manos?

_____

 6. ¿Son dos pájaros?

_____

_____

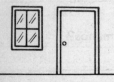 7. ¿Son dos muchachos?

_____

 8. ¿Son dos botellas?

_____

 9. ¿Son dos puertas?

_____

1. ¿Qué hay en
   esta mesa?

_____

_____

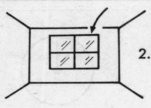

2. ¿Está abierta esta ventana?

_____

_____

_____

3. ¿Está el
   hombre en la
   calle ahora?

_____

_____

1. ¿Qué hora es?

2. ¿Qué hora es?

Son las cuatro.

_____

3. ¿Qué hora es?

4. ¿Qué hora es?

_____

_____

5. ¿Qué hora es?

6. ¿Qué hora es?

_____

_____

7. ¿Qué hora es?

_____

8. ¿Qué hora es?

_____

9. ¿Qué hora es?

_____

10. ¿Qué hora es?

_____

11. ¿Qué hora es?

_____

12. ¿Qué hora es?

_____

<u>cosa(s)</u>   <u>persona(s)</u>

1. Un sombrero es una *cosa*.

2. Un muchacho es una *persona*.

3. Una señorita es una _____.

4. Un vaso es una _____.

5. Las casas son _____.

6. Un señor es una _____.

7. Una ventana es una _____.

8. Los relojes son _____.

9. Las mujeres son _____.

10. Una muchacha es una _____.

11. Las paredes son _____.

12. Un barco es una _____.

13. Los hombres son _____.

14. Yo soy una _____.

1. ¿Es el muchacho una persona?

Sí, el muchacho es una persona.

2. ¿Es la puerta una persona?

_____

_____

3. ¿Es la casa una cosa?

_____

_____

4. ¿Es la mujer una cosa?

_____

_____

61

(Pages 41-42)

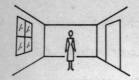

1. ¿Dónde está
   la mujer?

Está en un cuarto.

2. ¿Dónde está el agua?

_____

3. ¿Dónde está el libro?

_____

4. ¿Dónde está
   el muchacho?

_____

5. ¿Dónde está el reloj?

6. ¿Dónde está
el hombre?

7. ¿Dónde estaba
el agua?

8. ¿Dónde está ahora?

9. ¿Dónde están
las páginas?

(Pages 32-43)

Yo tomo este libro del estante.
La mujer da un vaso a la muchacha.
Los muchachos van de la puerta a la ventana.
✔ El agua estaba en la botella.
El señor dió el barco al muchacho.
Yo daré un libro a ese señor.
Los muchachos estaban en la casa.

1. *El agua estaba en la botella.*

2. _____

3. _____

64

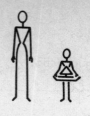

4. _____

5. _____

6. _____

7. _____

65

él   ella   ellos   ellas

1. La muchacha está con el muchacho.

   Ella _____ está con *él* _____.

2. El hombre fué con la mujer.

   _____ fué con _____.

3. Yo estoy con estas señoritas.

   Yo estoy con _____.

4. Pedro y Juan están juntos.

   _____ están juntos.

5. Manuel está con María.

   _____ está con _____.

6. Nosotros estamos con tres señores.

   Nosotros estamos con _____.

7. Usted irá con esas mujeres.

   Usted irá con _____.

8. Los muchachos estaban con Juan.

   Ahora _____ no están con _____.

66

1. El muchacho está en la calle.
La muchacha está en la casa. ¿Están juntos?

No, no están juntos.

2. Juan y María están juntos. ¿Está María con Juan?

_____

3. Juan está en un cuarto.
Juanita está en otro cuarto. ¿Están juntos?

_____

4. La señora fué a la puerta.
El señor fué con ella. ¿Fueron juntos?

_____

5. Dos hombres estaban juntos en un cuarto. Un
hombre fué a otro cuarto. ¿Están juntos ahora?

_____

6. La señora de Vargas está en la casa. El señor
Vargas estaba en la calle, pero ahora él está
otra vez con ella. ¿Están juntos?

_____

7. Dos muchachos estaban juntos a la puerta. Un
muchacho fué a la ventana. El otro muchacho
no fué con él. ¿Están juntos ahora?

_____

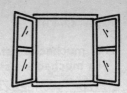

1. Esta ventana está

abierta
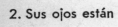
(abierta, abierto)

2. Sus ojos están

_____
(abierto, abiertos)

3. El ojo izquierdo está

_____
(cerrado, cerrados)

4. Esta puerta está

_____
(cerrado, cerrada)

5. Este libro está

_____.
    (cerrado, cerrados)

6. Sus ojos están

_____.
    (cerrada, cerrados)

7. Esta es su mano

_____.
    (derecho, derecha)

8. Este es mi ojo

_____.
    (izquierdo, izquierda)

69

Usted ve una cosa.
pero
Usted ve **a** una persona.

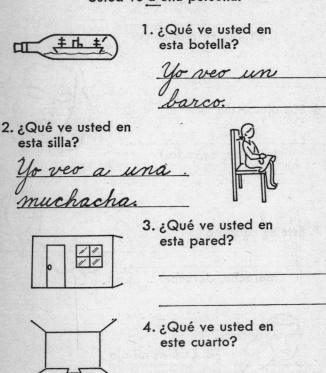

1. ¿Qué ve usted en esta botella?

Yo veo un barco.

2. ¿Qué ve usted en esta silla?

Yo veo a una muchacha.

3. ¿Qué ve usted en esta pared?

_____

_____

4. ¿Qué ve usted en este cuarto?

_____

_____

5. ¿Qué ve usted en la calle?

_____

_____

6. ¿Qué ve usted en las cabezas de estos hombres?

_____

7. ¿Qué ve usted en el estante?

_____

_____

8. ¿Qué ve usted en esta mesa?

_____

_____

9. ¿Qué ve usted en los brazos de esta mujer?

_____

_____

71

1. ¿Están abiertos sus ojos?

Sí, están abiertos.

¿Ve ella?

Sí, ella ve.

2. ¿Están abiertos sus ojos?

_____

¿Ve él?

_____

3. ¿Ve ella la botella?

_____

4. ¿Ve ella el reloj?

_____

5. Sus ojos estaban abiertos.
¿Ve ella ahora?

_____

6. ¿Están abiertos sus ojos?

_____

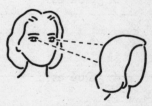

7. ¿Tiene la mujer los ojos abiertos?

_____

¿Ve ella a la muchacha?

_____

¿La ve la muchacha?

_____

1. ¿Qué es?

   Es un libro.

2. ¿Qué son?

   _____

3. ¿Qué es?

   _____

4. ¿Qué es?

   _____

5. ¿Qué es?

   _____

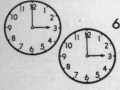

6. ¿Qué son?

   _____

74

No dice nada.
Yo no veo.
✔ Yo veo.
Dijo: "Abierta."

Dirá: "Abierta."
Ella no ve.
Dice: "Abierta."

1. Mis ojos están abiertos.

Yo veo. _____

2. Mis ojos están cerrados.

_____

3. Los ojos de la señorita están cerrados.

_____

4. El hombre tiene la boca cerrada.

_____

5. Su boca estará abierta.

_____

6. Ahora su boca está abierta.

_____

7. Su boca estaba abierta.

_____

Yo (<u>tengo</u>, tiene) un libro en la mano. Lo (tomé, tomo) del estante. El libro (está, estoy) en mi mano ahora. (Estaba, Estaban) en el estante. Los otros libros (está, están) en el estante.

Yo (pondré, pondrá) el libro en el estante. El libro (estaba, estará) otra vez con los otros libros. Pero un señor (veo, ve) el libro. Dice: "Este (es, está) mi libro."

Yo le (da, doy) su libro.

El señor lo (toma, tomó) ahora.

76

1. El reloj está ____en____ la pared.

2. Hay un estante _____ libros en el cuarto.

3. El perro está _____ la ventana y la mesa.

4. La luz está _____ la mesa.

5. La botella está _____ dos vasos.

6. La mesa está _____ la luz.

7. ¿Qué hora es? _____

8. ¿Está abierta la ventana? _____

_____

1. Ella <u>ve</u> el perro.

   Ella ___no___ ___ve___ el reloj.

2. Estas personas <u>están</u> en la calle.

   Ellos _____ _____ en la casa.

3. El muchacho <u>tiene</u> el libro en la mano derecha.

   El _____ lo _____ en la mano izquierda.

4. Yo <u>veo</u> la luz.

   Yo _____ _____ la ventana.

5. Nosotras <u>somos</u> dos muchachas.

Nosotras _____ _____ dos muchachos.

6. Los muchachos <u>van</u> a la ventana.

Ellos _____ _____ a la puerta.

Yo estoy aquí.

7. El hombre <u>dice</u>: "Yo estoy aquí."

La mujer _____ _____ nada.

8. <u>Hay</u> una botella en el suelo.

_____ _____ nada en la mesa.

EL AGUA

En la calle hay agua. El muchacho está en una casa. La casa está en el agua.

Las ventanas de la casa están abiertas. Hay agua en la casa. Ahora el muchacho está sobre la casa.

El muchacho ve una botella, una mesa, un sombrero y otras cosas en el agua. Allí hay un perro en el agua. El muchacho lo ve y lo pone sobre la casa. Ahora el perro está con el muchacho. Están juntos. Pero no hay otra persona con ellos.

Ahora hay también un pájaro sobre la casa. Pero el pájaro ve la boca abierta del perro y va a otra casa.

80

Allí hay dos
hombres en un
barco. El mucha-
cho ve a los
hombres, pero
ellos no le
ven. El muchacho
les dice: "¡Aquí!
¡Yo estoy aquí sobre esta casa!"

Ahora los hombres ven al muchacho.
El barco va a la casa. Un hombre da la mano al muchacho. El otro hombre toma el perro. El muchacho
y el perro van con los hombres. Ahora la casa está
debajo del agua y el muchacho no la ve.

(Pages 30-48)

Aquí tiene usted unas preguntas sobre EL AGUA:

1. ¿Qué hay en la calle?

   Hay agua en la calle.

2. ¿Qué hay en la casa?

3. ¿Dónde estaba el muchacho?

4. ¿Qué ve el muchacho en el agua?

5. ¿Dónde estaba el perro?

6. ¿Qué toma el muchacho del agua?

82

7. ¿Qué ve el pájaro?

_____

_____

8. ¿Ve el muchacho a dos hombres?

_____

_____

9. ¿Dónde están?

_____

_____

10. ¿Qué les dice el muchacho?

_____

_____

11. ¿Van el muchacho y el perro con los hombres?

_____

_____

12. ¿Dónde está la casa ahora?

_____

_____

corto (corta, cortos, cortas)

largo (larga, largos, largas)

1. El muchacho tiene las piernas _largas_.

2. La señorita tiene el

pelo _____.

El señor tiene el pelo _____.

3. Los brazos del hombre son

_____.

Los brazos del muchacho son

_____.

4. Esta calle es

_____.

84

5. Este es un perro _____.

6. Ella tiene la nariz _____.

7. Este dedo es _____.

   Este dedo es _____.

8. Tienen las orejas _____.

<u>lo</u>   <u>la</u>   <u>los</u>   <u>las</u>

1. Son <u>dos libros.</u> Yo _los_ tengo en la mano.

2. Yo pongo <u>la botella</u> en la mesa.

   Yo _____ pongo allí.

3. Yo veo <u>la luz.</u> _____ veo.

4. ¿Ve usted <u>las orejas del perro?</u>

   ¿ _____ ve usted?

5. Es <u>mi barco.</u> Yo _____ daré al muchacho.

6. <u>El perro</u> está debajo de la mesa.

   ¿ _____ ve usted?

7. Veo <u>dos relojes.</u> _____ veo en la pared.

8. Tengo <u>una nariz.</u> _____ tengo en la cara.

9. El muchacho tomó <u>dos barcos.</u>

   _____ tomó del agua.

10. ¿Ve usted <u>las partes de mi cara?</u>

   ¿ _____ ve usted?

antes de

antes del

después de

después del

entre

1. El número uno está *antes del*
   número dos.

2. El número nueve está _____
   número diez.

3. El siete está _____ el seis y el ocho.

4. El cuatro está _____ cinco.

5. El tres y el cuatro están _____
   el dos y el cinco.

6. En un libro, la página once

   está _____ la página diez.

7. La página ocho está _____
   la página siete.

8. La página dos está _____
   las páginas una y tres.

87

1. Yo tenía un libro.

   Ahora no lo _tengo_.

2. Ellos tenían vasos.

   Ahora no los

   _____.

3. El tenía un perro.

   Ahora no lo _____.

4. Ustedes tenían una casa.

   Ahora no la

   _____.

5. Nosotros teníamos sillas.

   Ahora no _____

   _____.

6. Ella _____

   un reloj.

   Ahora no _____

   _____.

88

1. Yo <u>estaba</u> en la casa.

    Ahora no _____ allí.

2. El señor <u>estaba</u>

    en la calle.

    Ahora no _____ allí.

3. Los muchachos <u>estaban</u>

    en las sillas.

    Ahora no _____ allí.

4. El agua _____

    en la botella.

    Ahora no _____ allí.

5. Nosotros <u>estábamos</u> a la puerta.

    Ahora no _____ allí.

6. Dos sillas

    _____

    en la sala.

    Ahora no _____ allí.

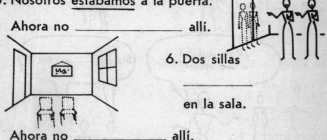
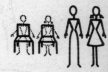

<u>Le</u> veo (a un hombre).   <u>Los</u> veo (a dos hombres).

<u>La</u> veo (a una mujer).   <u>Las</u> veo (a dos mujeres).

90

1. ¿Cuántos dedos tienen las dos manos?

Las dos manos tienen diez dedos.

2. ¿Ve usted todos los dedos de las dos manos?

_____

3. ¿Cuántas patas tiene el perro?

_____

4. ¿Ve usted todas sus patas?

_____

5. ¿Cuántas ventanas hay aquí?

_____

6. ¿Están cerradas todas las ventanas?

_____

Aquí tiene usted otras preguntas:

1. ¿Ve usted esta pregunta?

   Sí, la veo.

2. ¿Tiene usted tres pies?

   _____

3. ¿Cuántos ojos tiene usted?

   _____

4. ¿Tiene usted los ojos cerrados ahora?

   _____

5. ¿Ve usted este libro?

   _____

6. ¿Está usted en la calle ahora?

   _____

7. ¿Cuántas colas tiene un perro?

   _____

8. ¿Es la cola parte de su cuerpo?

   _____

1. Nosotras (son, <u>somos</u>) dos muchachas. Tenemos (nuestro, nuestros) libros en la mano. Allí (es, está) la puerta de (nuestro, nuestra) casa. Nosotras (están, estamos) en la calle ahora.

2. Ellos (son, somos) dos muchachos. (Está, Están) en la calle. (Va, Van) a su casa. Ellos (tiene, tienen) un perro. Es (su, sus) perro. El perro (va, van) con los muchachos.

94

Sí   No

_Sí_ 1. Un niño es una persona.

_No_ 2. La nariz está debajo de la boca.

_____ 3. Tenemos dedos en los pies y en las manos.

_____ 4. Las personas tienen pelo en la cabeza.

_____ 5. Las personas tienen cuatro orejas.

_____ 6. Todos los muchachos tienen el pelo largo.

_____ 7. Los pájaros tienen brazos.

_____ 8. El cuello es parte de la pierna.

_____ 9. Usted tiene cuerpo.

_____10. Hay doce números en el reloj.

_____11. Todos los perros tienen la cola larga.

_____12. Las mujeres no dicen nada.

de   de la   del

1. Este dedo ___*del*___ pie es corto.

2. Este es un vaso

_____ agua.

3. Todas las ventanas _____
   este cuarto están cerradas.

4. Este es el libro _____
   muchacha.

5. Yo tomo el libro _____ estante.

6. Las patas _____
   silla están sobre el suelo.

96

Aquí tiene usted unas preguntas:

1. ¿Qué son los ojos, la nariz y la boca?

   Son partes de la cara.

2. ¿Cuántos brazos tiene una persona?

   _____

3. ¿Cuántas patas tiene una silla?

   _____

4. ¿Tiene orejas un perro?

   _____

5. ¿Qué son la cabeza, los brazos y las piernas?

   _____

6. ¿Cuántas preguntas hay en esta página?

   _____

7. ¿Dónde está la barbilla de una persona?

   _____

8. ¿Dónde están los dedos de una persona?

   _____

97

1. ¿Cuántas personas hay en este cuarto?

Hay tres personas en este cuarto.

2. ¿Dónde está el niño?

_____

_____

3. ¿Qué tiene el niño en la mano?

_____

_____

4. ¿Ve el hombre al niño?

_____

_____

5. ¿Qué dice el hombre?

_____

_____

6. ¿Quién es Juanito?

_____

_____

7. ¿Qué tiene la mujer en la mano?

_____

_____

8. ¿Dónde lo pondrá?

_____

_____

9. ¿Está cerrada la puerta?

_____

_____

10. ¿Qué ve usted en el otro cuarto?

_____

_____

entrará	entra	entró
sacará	saca	sacó
meterá	mete	metió
✔ abrirá	abre	abrió

1. El señor *abrirá* la puerta.

2. Ahora él _____ la puerta.

3. _____ la puerta.

4. _____ la llave de la cerradura.

5. _____ la llave de la cerradura.

6. _____ la llave de la cerradura.

100

7. _____ la llave
   en el bolsillo.

8. _____ la llave
   en el bolsillo.

9. _____ la llave
   en el bolsillo.

10. _____ en el
    cuarto.

11. Ahora él _____
    en el cuarto.

12. _____ en el
    cuarto.

Aquí tiene usted unas contestaciones. Usted dará las preguntas:

1.

2.

3.

102

103

uno	el otro	los otros
una	la otra	las otras

1. Son dos libros. _____

   está abierto. _____
   está cerrado.

2. El perro tiene dos orejas.

   _____   _____

   está aquí.   está aquí.

3. Yo tengo tres llaves.   Estas son
   Esta es

   _____   _____.

   de mis llaves.

4. Son tres sombreros.

   _____ es el sombrero
   ·de un hombre.

   _____ son sombreros de mujer.

104

5. Aquí tiene usted tres
botellas.

_____ está
en la silla.

_____ están en el suelo.

6. Son dos vasos.

_____ tiene agua.

_____ no tiene agua.

7. Son dos muchachas.

_____ tiene
el pelo largo.

_____ tiene el pelo corto.

8. Son tres personas.

_____ es una
mujer.

_____ son
dos muchachas.

105

Qué	Dónde	Cuántos
Quién	Adónde	Cuántas

1. ¿_Quién_ es usted? Yo soy el señor Vargas.

2. ¿_____ está usted?
Estoy en la calle.

3. ¿_____ va usted?
Voy a mi casa.

4. ¿_____ tiene usted en la mano?
Tengo unas llaves en la mano.

5. ¿_____ llaves tiene usted?
Tengo tres llaves.

6. ¿_____ está su casa?
Mi casa está allí.

7. ¿_____ cuartos hay en la casa?
Hay seis cuartos.

8. ¿_____ ve usted?
Veo a una señora.

9. ¿_____ es?
Es la señora de Vargas.

10. ¿_____ está ella?
Está en la casa.

le   la

1. Yo doy mi llave a la señora.

   Yo _le_ doy mi llave.

2. Yo veo a la señora. Yo _la_ veo.

3. El hombre da su sombrero a la señorita.
   El hombre _____ da su sombrero.

4. Yo veo a la señorita. Yo _____ veo.

5. El señor ve a la muchacha. El _____ ve.

6. El muchacho pregunta a la señora:
   "¿Qué hora es?"

   El _____ pregunta: "¿Qué hora es?"

7. El niño dice a la mujer: "¿Qué es?"

   El niño _____ dice: "¿Qué es?"

8. Nosotros vemos a la señora.

   Nosotros _____ vemos.

107

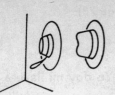

1. ¿Qué hay en la pared?

Hay dos sombreros en la pared.

2. ¿Qué hay en la cerradura?

_____

3. ¿Qué da el señor a la llave?

_____

4. ¿Qué hay en la mesa?

_____

5. ¿Qué tiene este hombre en la mano?

_____

6. ¿Qué hay en el bolsillo?

_____

7. ¿Qué ve la muchacha?

_____

8. ¿Qué hay debajo de la mesa?

_____

AUGUSTO Y LA LLAVE

Este muchacho es Augusto Meléndez. Esta señora es la señora de Meléndez. Augusto estaba a la mesa. Ahora sale. ¿Adónde va? Va a su cuarto.

Aquí está Augusto en su cuarto. Su mano está en la puerta. La cerradura está sobre su cabeza. ¿Qué hay en la cerradura? Hay una llave. El muchacho ve la llave. Dice: "¿Qué es?"

Ahora Augusto está sobre una silla. Tiene la llave en la mano. Da una vuelta a la llave. Después saca la llave.

La llave está en el suelo. Augusto tiene otra cosa en las manos. Es un libro.

La señora de Meléndez dice: "¡Augusto! ¿Dónde está ese muchacho? Es hora de ir a la calle."

110

Ella va al cuarto de Augusto. Pero la puerta está cerrada con llave.

Ella dice: "Augusto, ¿tiene usted la llave de la puerta?"

"No, mamá. No la tengo."

"¿Dónde está?"

"Yo no la veo. No está aquí."

Ahora la señora de Meléndez va a la casa de los señores Rubio. Les dice: "¡Ay! Augusto está en su cuarto. La puerta está cerrada con llave y él no tiene la llave."

El señor Rubio le pregunta: "¿No tiene usted otra llave?"

"No, no hay otra llave."

El señor Rubio va con la señora de Meléndez a su casa. Ahora están debajo de la ventana del cuarto de Augusto. Augusto está en la ventana. La ventana está abierta.

111

Ahora el señor Rubio entra en el cuarto por la ventana. La llave está en el suelo debajo de un libro. El señor Rubio la toma y abre la puerta.

Ahora Augusto está entre los brazos de su mamá. El señor Rubio da la llave a la señora, y ella la mete en el bolsillo. No la meterá otra vez en la cerradura.

El señor Rubio va a su casa. Augusto irá con la señora de Meléndez a la calle.

Sí   No

Sí   1. El muchacho es Augusto Meléndez.

_____ 2. La señora de Meléndez es la mamá de Augusto.

_____ 3. Augusto estaba a la mesa; después fué a la calle.

_____ 4. Augusto vió una llave en la cerradura.

_____ 5. Augusto metió la llave en la cerradura.

112

_____ 6. Augusto puso una silla sobre la mesa.

_____ 7. Augusto dió una vuelta a la llave.

_____ 8. La puerta de la casa estaba cerrada con llave.

_____ 9. La llave estaba en el suelo del cuarto de Augusto.

_____10. Augusto abrió la puerta a su mamá.

_____11. La señora fué a su cuarto por otra llave.

_____12. Los señores Rubio estaban en la sala de la casa de los Meléndez.

_____13. El señor Rubio fué con la señora de Meléndez a su casa.

_____14. La ventana del cuarto de Augusto estaba abierta.

_____15. El señor Rubio entró en el cuarto de Augusto.

_____16. La señora de Meléndez también entró en la casa por la ventana.

_____17. El señor Rubio vió la llave y la dió a la señora.

_____18. Ella metió la llave otra vez en la cerradura.

_____19. El señor Rubio fué a su casa.

_____20. Augusto irá a la casa de los señores Rubio.

113

iré	voy	fui
verá	ve	vió
✔ saldrá	sale	salió

1. La puerta está abierta.

El niño *saldrá* de la casa.

2. Ahora el niño

_____ de la casa.

3. El niño _____ de la casa. Ahora está en la calle.

4. La mujer _____ al niño.

114

5. Ahora ella le
   _____.

6. Ella _____
   al niño. Dice:

   "Yo _____
   por el niño."

7. La mujer dice:

   "Yo _____
   por el niño."

8. "Yo _____
   por el niño. Ahora él
   está en la casa otra
   vez."

115

a   al   de   del   en   con   por

1. Una mujer está

_____a_____ la ventana.

2. Dice: "Oh, yo veo

dinero _____

el suelo."

3. Dos muchachos entran _____ el
cuarto. "¿Dinero? ¿Dónde?"

4. Ahora ellos están

_____ rodillas.

5. Toman el dinero

_____ suelo y lo

meten _____ sus bolsillos.

6. El perro está _____ el muchacho.

7. ¿ _____ quién es el dinero?

8. Es _____ este hombre.
Estaba _____ su bolsillo.

9. El entra ahora _____
su dinero.

10. Ve _____ los muchachos.

11. Ellos dan el dinero _____ hombre.

116

Aquí tiene usted unas contestaciones. Usted dará las preguntas con Qué, Dónde, Quién, etc.

1. ¿ Dónde estaba el sombrero ?

El sombrero estaba en la mesa.

2. ¿ Qué ve la señora ?

La señora ve el dinero.

3. _____

Esta señora es Isabel de Vargas.

4. _____

Hay mil pesetas en el sombrero.

5. _____

El señor fué por el sombrero.

6. _____

Una mesa tiene cuatro patas.

7. _____

El señor metió el dinero en el bolsillo.

8. _____

La barbilla está debajo de la boca.

1. El señor irá al otro cuarto.

   Dice: "Yo _iré_ al otro cuarto."

2. Tomará un libro del estante.

   Dice: "Yo _____ un libro del estante."

3. El señor da el libro a la señora.

   Dice: "Yo _____ el libro a la señora."

4. La señora ve una cosa en el libro.

   Dice: "Yo _____ una cosa en el libro."

5. La señora pone el libro en la mesa.

   Dice: "Yo _____ el libro en la mesa."

6. La señora vió cinco pesetas en el libro.

   Dice: "Yo _____ cinco pesetas en el libro."

7. El señor metió el dinero en el libro.

   Dice: "Yo _____ el dinero en el libro."

8. El señor le dió el dinero a la señora.

   Dice: "Yo le _____ el dinero a la señora."

1. El señor tiene su cuchara en la mano.

   Los señores *tienen* su cuchara en la mano.

2. La señora tomará la sopa.

   Los señores _____ la sopa.

3. El muchacho tenía una peseta.

   Los muchachos _____ una peseta.

4. El hombre está sentado a la mesa.

   Los hombres _____ sentados a la mesa.

5. ¿Qué hace el muchacho?

   ¿Qué _____ los muchachos?

6. La señorita irá a la sala.

   Las señoritas _____ a la sala.

7. El hombre sale del cuarto.

   Los hombres _____ del cuarto.

8. El muchacho lleva la silla a la mesa.

   Los muchachos _____ la silla a la mesa.

9. La mujer dice: "¿Qué hora es?"

   Las mujeres _____: "¿Qué hora es?"

10. La muchacha contesta: "Son las nueve."

    Las muchachas _____: "Son las nueve."

1. ¿Qué hace el hombre?

Toma la copa del estante.

_____

2. ¿Qué hace el hombre?

_____

_____

3. ¿Qué hacen los señores?

_____

_____

4. ¿Qué ve el señor en la tienda?

_____

_____

5. ¿Qué compra la mujer?

_____

_____

6. ¿Qué tiene el hombre en la boca?

_____

_____

121

7. ¿Qué lleva el perro en la boca?

_____

_____

8. ¿Qué tenía el mucha-
cho en la mano?

_____

_____

9. ¿Qué hace el
muchacho?

_____

_____

10. ¿Qué hace el
niño?

_____

_____

1. La señora de Vargas comprará un vestido.

   Ahora ella _compra_ el vestido.

   Ella _compró_ el vestido.

2. Ella entrará en una tienda.

   Ahora ella _____ en la tienda.

   Ella _____ en la tienda.

3. Ella preguntará a la mujer:

   "¿Cuánto es este vestido?"

   Ahora ella le _____: "¿Cuánto es este vestido?"

   Le _____: "¿Cuánto es este vestido?"

4. La mujer le contestará: "200 pesetas."

   Ahora le _____: "200 pesetas."

   Le _____: "200 pesetas."

5. La señora sacará el dinero del bolsillo.

   Ahora la señora _____ el dinero del bolsillo. _____ el dinero del bolsillo.

6. La otra mujer tomará el dinero.

   Ahora ella _____ el dinero.

   _____ el dinero.

7. La señora llevará el vestido a la casa.

   Ahora ella _____ el vestido a la casa.

   Ella _____ el vestido a la casa.

1. El señor _abre_____
   (abre, sobre)
   la puerta.

2. Tiene una _____
   (llave, lleva)
   en la mano.

3. Ahora la _____
   (pone, mete)
   en el bolsillo.

4. Después _____ en la sala.
   (entre, entra)

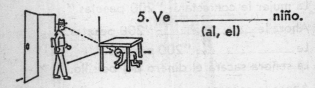

5. Ve _____ niño.
   (al, el)

6. El niño está _____ la mesa.
   (debajo, debajo de)

7. El señor _____ da un barco.
   (le, lo)

8. Es un barco _____.
   (nueve, nuevo)

9. El ñino _____ pondrá en el agua.
    (la, lo)

10. El niño tiene _____ barcos.
    (cuarto, cuatro)

11. Ahora los barcos

    _____
    (estos, están)
    en el agua.

12. El _____ mueve los barcos en el agua.
    (viento, viejo)

13. El señor dice a la señora: "Yo _____
    (vi, fuí)
    a la tienda y compré dos copas."

14. "Aquí están _____ copas
    (nosotras, nuestras)
    nuevas."

15. Ahora los señores

    _____
    (toman, tenían)
    una copa de vino.

1. LIBRO EL EL ESTABA ESTANTE EN
   El libro estaba en el estante.

2. DICE EL NADA SEÑOR NO
   _____

3. PATAS PERRO EL TIENE CUATRO
   _____

4. MANO TENGO DERECHA PIPA LA
   UNA EN
   _____

5. DEDOS USTED CUÁNTOS TIENE
   ¿_____?

6. EN COPA EL LA ESTÁ VINO
   _____

7. TRES LA HAY EN CUCHARAS MESA
   _____

8. TIENDA HAY EN ZAPATOS LA
   NUEVOS
   _____

Hay un*a* mesa en est____ cuarto. L____ señores
Vargas y dos muchachos est____ senfad____ a l____ mesa.
Ellos est____ junt____.

En la mesa hay cuatro plat____ de sopa. Tod____
las personas tom____ la sopa. Ellos tien____ la cuchara
en l____ mano.

Ahora Manuel tien____ la boca abiert____, pero no
tom____ la sopa. Dice: "Yo ten____ zapatos nuev____. Yo
los compr____ en un____ tienda."

Juanita ve l____ zapatos de Manuel. Ella le dic____:
"Yo ir____ a l____ tienda y compr____ un vestido nuev____
con dos bolsill____. Yo met____ mi dinero en l____
bolsillos."

127

Aquí tiene usted unas preguntas:

1. ¿Qué número está después del veintinueve? *El número treinta está después del veintinueve.*

2. ¿Qué número está antes del cincuenta? _____

3. ¿Qué números están entre el sesenta y siete y el setenta? _____

4. ¿Entre qué números está el noventa y nueve? _____

5. ¿Qué números están entre el doce y el veintisiete? _____

6. ¿Entre qué números está el tres? _____

7. ¿Está el número quince antes o después del veinte? _____

8. ¿Cuántos números hay en el reloj? _____

9. ¿Cuántos dedos tiene una persona (en las manos y en los pies)? _____

10. Una pared de la casa tiene cuatro ventanas. Otra pared tiene dos. Otra pared tiene cinco y la otra tiene tres. ¿Cuántas ventanas tiene la casa? _____

_____

11. Hay veintidós muchachos en el cuarto. Todos los muchachos tienen zapatos. ¿Cuántos zapatos hay en el cuarto? _____

_____

12. El señor Vargas tiene treinta pesetas. La señora tiene veinticinco. ¿Cuántas tienen los dos juntos?

_____

13. El señor tenía noventa pesetas. Dió siete pesetas al muchacho. ¿Cuánto dinero tiene ahora? _____

_____

_____

14. La señora de Vargas dió trece pesetas por los guantes, cuarenta pesetas por los zapatos y diecinueve por las medias. ¿Cuánto dió por toda esta ropa nueva? _____

_____

<u>antes de</u>   <u>después de</u>

A. María puso la sopa en dos platos. Llevó los platos
a la mesa. Después puso dos cucharas en la mesa.

1. ¿Cuándo puso María las cucharas en la mesa?

Las puso allí *después de*____ llevar la sopa a
la mesa.

2. ¿Cuándo puso María la sopa en los platos?

La puso allí _____ llevarla a la mesa.

B. María vió un libro en la mesa. Lo tomó y después
lo puso en el estante.

1. ¿Cuándo vió María el libro?

Lo vió _____ tomarlo de la mesa.

2. ¿Cuándo puso María el libro en el estante?

Lo puso allí _____ tomarlo de la mesa.

130

C. María tomó una cesta y fué a la tienda. Allí compró unos zapatos nuevos. Puso los zapatos en la cesta y fué otra vez a casa.

1. ¿Cuándo tomó María la cesta?

   La tomó _____ ir a la tienda.

2. ¿Cuándo fué a casa?

   Fué a casa _____ comprar los zapatos nuevos.

3. ¿Cuándo puso ella los zapatos en la cesta?

   Ella los puso allí _____

   comprarlos y _____ ir a casa.

1. _El_ hombre

tomó _____

botella _____

estante.

2. Después _____

puso _____ la

mesa.

3. Ahora la

_____

está en

_____ mesa.

4. ¿Cuándo tomó el hombre la botella?

La tomó antes de ponerla en la mesa.

5. ¿Cuándo la puso en la mesa?

_____

_____

6. ¿Cuándo la tenía en la mano?

_____

_____

133

1. El hombre tomó

_____la_____ pipa

_____ la

mesa.

2. Después _____

puso _____ la

boca.

3. Ahora _____

tiene en _____

boca.

4. ¿Cuándo tomó el hombre la pipa?

La tomó antes de ponerla
en la boca.

5. ¿Cuándo la puso en la boca?

_____

_____

6. ¿Cuándo la tenía en la mano?

_____

_____

1. ¿Ve usted lo que hay en la mesa?

   Sí, lo veo.

2. ¿Hay botellas en la mesa?

   _____

3. ¿Cuántos platos hay en la mesa?

   _____

4. ¿Qué hay en un plato?

   _____

5. ¿Cuántos tenedores hay en la mesa?

   _____

6. ¿Cuántos cuchillos hay?

_____

7. ¿Dónde está la bandeja?

_____

8. ¿Hay vasos en la mesa?

_____

9. ¿Cuántos personas tomarán la sopa aquí?

_____

10. ¿Tomarán la sopa con un tenedor?

_____

11. ¿Estarán de pie cuando toman la sopa?

_____

12. ¿Estaban las manzanas en una rama antes de estar en la mesa?

_____

LA BANDEJA DE LA SEÑORA DE GÓMEZ

Un hombre entra de noche en la casa de los señores Gómez. No entra por la puerta. Este hombre no tiene llave de la puerta. El entra por la ventana. Abre la ventana con un cuchillo antes de entrar. El hombre lleva en la mano una luz. Tiene un sombrero viejo en la cabeza y guantes en las manos.

Los señores de la casa no ven al hombre. Ellos están en otra parte de la casa. Las criadas están en su cuarto, y no hay perros en la casa.

El hombre ve una cesta. La mueve. ¡Sí! Hay cosas en ella. La cesta está cerrada con llave, pero el hombre la abre con su cuchillo. Allí ve cuchillos, cucharas y tenedores. El hombre mete todas estas cosas en sus bolsillos. También toma una bandeja y seis platos de una mesa. Y sale otra vez por la ventana.

138

Ahora es de día. Los policías están en la casa de los señores Gómez. Ellos preguntan a la señora:

"¿A qué hora vió usted la ventana abierta?"

"A las ocho."

"¿Qué otra cosa vió usted?"

"Vi la cesta abierta y las cosas no estaban allí."

"¿Qué cosas tenía usted en la cesta?"

"Tenía cuchillos, cucharas y tenedores."

"¿Llevaron otra cosa?"

"Sí, llevaron una bandeja y seis platos."

"¿Dónde compró usted esas cosas?"

"Las compré en la tienda del señor Marcos."

"¿Cuánto dinero dió usted por la bandeja?"

"Por la bandeja di mil pesetas, dos mil por los platos; y por los cuchillos, cucharas y tenedores di seis mil."

"¿Quiénes estaban en la casa?"

"El señor Gómez, las dos criadas y yo."

"¿No vieron nada?"

"No, señor."

139

Esta es la tienda del señor Méndez. El tiene allí bandejas, platos, copas, etc. Ahora hay un hombre con él. Este hombre no lleva ropa de policía, pero es un policía. Le pregunta al señor Méndez:

"¿Compró usted en estos días una bandeja y otras cosas?"

El señor Méndez no le contesta. Hay otro hombre en la puerta. Este hombre lleva una bandeja, seis platos, cuchillos, cucharas y tenedores. Dice al señor Méndez:

"¿Me compra usted estas cosas? ¿Cuánto dinero me da por ellas?"

El policía ve las cosas. Dice: "Estas son las cosas de la señora de Gómez."

El hombre sale de la tienda. También sale el policía. Es de noche. Hay una rama en la tierra. El hombre no la ve. Ahora él también está en la tierra. El policía le levanta y le lleva con él. Ese hombre no entrará otra vez en las casas de otras personas.

_Sí_ 1. Un hombre entró en la casa de los señores Gómez por la ventana.

_____ 2. Ese hombre tenía la llave de la puerta.

_____ 3. Abrió la ventana después de salir.

_____ 4. El hombre tomó una bandeja de una mesa.

_____ 5. El señor Gómez tenía dos perros.

_____ 6. Una de las dos criadas vió al hombre.

_____ 7. Los policías fueron de noche a la casa de los señores Gómez.

_____ 8. La señora vió la ventana abierta.

_____ 9. La señora de Gómez compró seis platos en la tienda del señor Marcos.

_____10. Ella dió 6.000 pesetas por los cuchillos, cucharas y tenedores.

_____11. El señor Méndez tenía una tienda de ropa.

_____12. Un policía preguntó al señor Méndez por las cosas de la señora de Gómez.

_____13. Un hombre entró y compró una bandeja.

_____14. El policía salió antes del hombre.

_____15. El hombre fué con el policía.

<u>lo</u>   <u>le</u>   <u>la</u>   <u>los</u>   <u>las</u>

1. Tengo dos vasos. _Los_ tengo en la mano.

2. Pongo la cesta en el estante.
   _____ pongo allí.

3. Son medias nuevas. ¿ _____ ve usted?

4. Vi tres pájaros. _____ vi en la calle.

5. Es la criada. ¿ _____ ve usted?

6. Tomé dos cucharas y _____ metí en el
   bolsillo.

7. La muchacha tomó la manzana y _____
   puso en su cesta.

8. El señor dió dos perros al muchacho. Ahora el
   muchacho _____ tiene.

9. Veo al señor Vargas. _____ veo.

10. Tengo unas pesetas en el bolsillo. _____
    contaré.

11. Los tenedores estaban en la bandeja. María
    _____ puso en la mesa.

12. El muchacho mueve el estante. El _____
    mueve.

13. El señor tenía la llave en la mano antes de meter
    _____ en el bolsillo.

142

1. Dos números juntos hacen una _cifra_ .
   (cifra, cesta)

2. La muchacha _____ la mano.
   (levantará, levantar)

3. Juanita está aquí y Manuel está aquí

   _____ .
   (también, tenían)

4. El señor _____ dió manzanas.
   (nosotros, nos)

5. Hay _____ tenedores en esa cesta.
   (viento, veinte)

6. ¿ _____ fué la muchacha a la tienda?
   (Cuándo, Cuánto)

7. La criada puso dos _____
   (cuchillos, caballos)
   en la mesa.

8. Tomamos las patatas con un _____ .
   (tenedor, cerdo)

9. Compraré manzanas en la _____ .
   (tierra, tienda)

10. La _____ es un animal.
    (oveja, bandeja)

Aquí tiene usted unas contestaciones. Usted hará las preguntas.

1. _¿ Es una manzana ?_
Sí, es una manzana.

2. _____
No, no es un vaso. Es una taza.

3. _____
Sí, el cerdo es un animal.

4. _____
Los animales tienen cuatro patas.

5. _____

No, este muchacho no está sobre una vaca. Está sobre un caballo.

6. _____

Hay leche en esta botella.

144

7. _____

Las vacas nos dan la leche.

8. _____

La manzana estaba en la rama antes de estar en la cesta de la muchacha.

9. _____

La muchacha tomó la manzana.

10. _____

El señor abrió la puerta antes de salir.

11. _____

Sí, la puerta está abierta ahora.

12. _____

"No, no tengo dinero en el bolsillo."

<u>me</u>   <u>nos</u>   <u>le</u>   <u>les</u>

1. La señora tiene su copa en la mano. El señor
   ___*le*___ da vino.

2. El niño no tiene copa. El señor no _____ da
   vino.

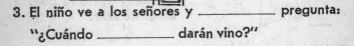

3. El niño ve a los señores y _____ pregunta:
   "¿Cuándo _____ darán vino?"

4. La señora _____ contesta: "Los niños no
   toman vino. A los niños _____ damos leche."

5. El niño tomará leche. Ahora
   la criada _____ da la
   leche.

6. El niño dice: "La criada
   _____ da leche."

146

7. Todas las personas tomarán sopa. Ahora la criada

_____ da la sopa.

8. Ellos dicen: "La criada _____ da la sopa."

9. La criada está con el señor. Ella _____

pregunta:

"¿Cuándo _____ dará usted dinero?"

10. El señor _____ dará dinero ahora.

1. Son dos *animales*. Son un _____

y una _____. Las vacas dan _____.

2. Es una _____.

Las raíces están dentro de

la _____. Las

hojas están en las _____.

3. Hay dos _____

en esta _____.

Hay _____ en

la rama también.

4. Hay una cacerola sobre esta _____.

   Hay una _____ debajo de la cacerola.

   El agua dentro de la cacerola está _____.

   El _____ sale de la cacerola.

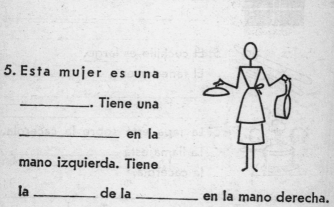

5. Esta mujer es una

   _____. Tiene una

   _____ en la

   mano izquierda. Tiene

   la _____ de la _____ en la mano derecha.

149

1. Un ojo está abierto.

   El otro está _cerrado_.

   Lo contrario de abierto es cerrado.

2. La llama es caliente.

   El hielo es _____.

3. Un vestido es nuevo.

   El otro es _____.

4. Cuando hay luz, es de día.

   Cuando no hay luz, es

   de _____.

5. El cuchillo es largo.

   El tenedor es _____.

6. La tapa está sobre la cacerola.

   La llama está _____

   la cacerola.

150

por qué   porque

1. ¿ *Por qué* _____ sale el vapor de la cacerola?

El vapor sale *porque* el agua está hirviendo.

2. ¿ _____ está hirviendo el agua?

El agua está hirviendo _____ está
sobre la llama.

3. ¿ _____ va usted a la tienda?

Voy a la tienda _____ no tengo leche.

4. ¿ _____ pone usted el sombrero en
la cabeza?

Lo pongo en la cabeza _____ hace
frío en la calle.

5. ¿ _____ está abierta la ventana?

Está abierta _____ hace calor en el cuarto.

6. ¿ _____ hay cucharas en la mesa?

Hay cucharas en la mesa _____ es hora
de tomar la sopa.

151

1. El _avión_ va

_____ el aire.

2. El aire entra _____

la nariz y _____

la boca.

3. Una persona entra

_____ un cuarto

_____ la puerta

abierta.

4. Este _____ entra

en una casa _____

la ventana abierta.

5. El agua de este _____

está fría. Hay _____

en el agua.

6. Un pájaro está en la

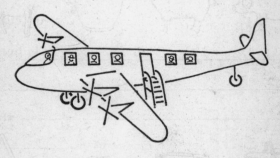

_____ de un

_____. Los otros

_____ no están en

la _____. Están

en el _____.

7. Este _____ no está en el _____.

Hay personas en el _____. Las veo

_____ las ventanas. Las personas

irán _____ el aire _____ el avión.

1. _El muchacho, la muchacha y la mujer son personas, pero el árbol no es una persona._

2. _____

_____

_____

3. _____

_____

_____

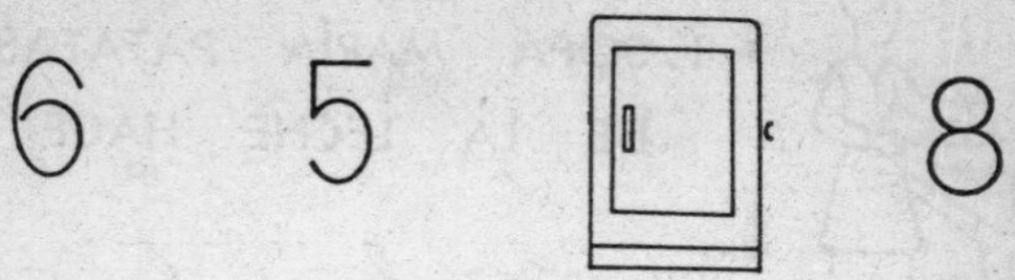

6   5   8

4. _____

_____

_____

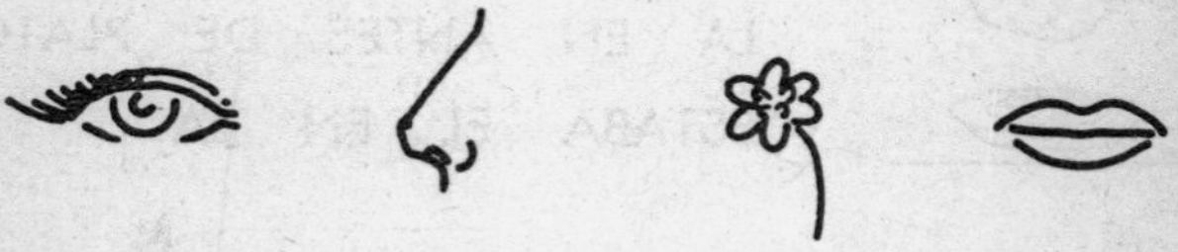

5. _____

_____

_____

6. _____

_____

_____

1. SOPA MARÍA PATATAS
   DE LA LECHE HACE Y

María hace la sopa de leche y patatas.

2. SOPA CACEROLA ESTAR
   LA EN ANTES DE PLATO
   ESTABA EL EN LA

_____

_____

3. BANDEJA MANO TIENE
   LA UN OTRA CRIADA
   EN UNA LA TENEDOR
   EN UNA Y

_____

_____

156

4. ESTÁN LA LAS LAS
CON PATATAS DENTRO
DE TIERRA RAÍCES

---

5. PORQUE LLAMA EL
LA ESTÁ ES AGUA
HIRVIENDO CALIENTE

6. CALOR CALOR
PORQUE ESTE EN
HACE TENGO CUARTO

(Page 100)

1. Yo pondré vino en una copa.
   La copa es _para_ vino.

2. Ahora hay vino en la copa.
   Es una copa _de_ vino.

3. María pondrá sopa en este plato.
   El plato es _____ sopa.

4. Ahora el plato tiene sopa.
   Es un plato _____ sopa.

5. Haremos hielo en esta bandeja.
   Es una bandeja _____ hielo.

6. Ahora hay hielo en la bandeja.
   Es una bandeja _____ hielo.

158

hace frío	✔ hace calor
tiene frío	tiene calor
está fría	está caliente

1. *Hace calor* en la calle.
El hombre _____
_____. Entra en la casa y saca agua del refrigerador.

2. En el refrigerador
_____.
El agua _____
_____. El hombre
toma el agua fría.

3. Hace viento en la calle. El muchacho no está contento porque _____.

4. Ahora en la casa una mujer le da un plato de sopa. La sopa _____.

159

1. Un _reloj_ es un _____ para medir el tiempo.

2. Este es un _____ para medir el _____.

3. Hace _____ en el _____. La leche y los huevos están buenos _____ están en el refrigerador.

4. Esta criada está al lado de la _____. Hace sopa en una _____. Tiene una _____ en

160

la mano derecha. Ella_____ la sopa

con la cuchara. La sopa está caliente_____

está sobre la_____. La mujer tiene

_____ porque la llama es _____.

Ella no está contenta.

5. Es una _____

con su _____.

Los lados de la_____ son_____.

6. Los lados del refrigerador

son _____. No

dejan entrar el _____

caliente del cuarto, cuando

la puerta está _____.

1. Ella <u>toma</u> el vaso. Nosotros lo *tomamos*
   Ellos lo *toman*.

2. El señor <u>está</u> aquí. Nosotros _____
   aquí. Ellos _____ aquí también.

3. La muchacha <u>va</u> a su casa. Yo _____
   a mi casa. Las muchachas _____
   a sus casas.

4. La criada <u>hace</u> la sopa. Nosotros _____
   el pan. Ellos _____ el queso.

5. El hombre <u>saca</u> patatas de la tierra. Nosotros las
   _____. Los hombres las _____.

6. Yo <u>tomo</u> pan con mantequilla.
   Nosotras _____ pan con mantequilla.
   Ellos lo _____ con queso.

7. El señor nos <u>da</u> dinero. Nosotros lo _____
   a los muchachos. Ellos lo _____ otra
   vez al señor.

162

8. Yo tenía el dinero. Nosotros lo _____.
   Ellos lo _____.

9. Las paredes del cuarto no dejan entrar el frío. La
   puerta del refrigerador no _____
   entrar el aire caliente. Nosotros no _____
   entrar al perro.

10. La muchacha levanta la mano. Los muchachos
    _____ la cabeza. Yo _____
    al niño. Después de _____ al
    niño, le llevo al otro cuarto.

11. Nosotros compramos patatas. La criada
    _____ mantequilla. Los muchachos
    _____ pan.

12. Las muchachas abren la puerta. Ellas estaban en
    la sala antes de _____ la puerta y
    salir. Ahora yo _____ el refrigerador.

13. La muchacha tiene un vaso de leche.
    Yo _____ un vaso de agua. Los
    señores _____ una copa de vino.

¿Qué hora es?

1. _Son las tres y veinticinco._

2. _Son las cuatro menos quince._

3. _____

_____

4. _____

_____

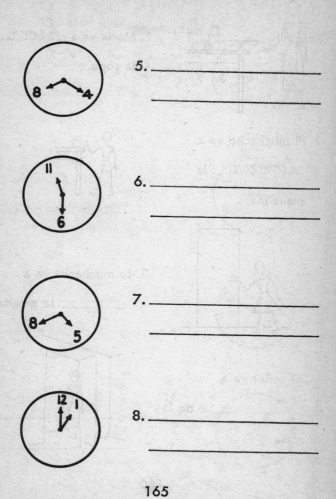

5. _____

_____

6. _____

_____

7. _____

_____

8. _____

_____

1. María va a *hacer*

   la sopa.

2. El muchacho va a

   tomar la

   manzana.

3. La muchacha va a

   _____ la puerta.

4. El señor va a

   _____ de la

   casa.

166

5. El muchacho va a

_____ en la casa.

6. María va a _____

la leche en el refri-

gerador.

7. El muchacho va a

_____ la sopa.

8. La muchacha va a

_____ la mano

para tomar la manzana.

Aquí tiene usted unas preguntas:

1. ¿Qué son las manzanas y las naranjas?

_____

2. ¿Sacamos las manzanas de la tierra?

_____

3. ¿Qué parte de una planta está dentro de la tierra?

_____

4. ¿Qué son las vacas, los cerdos y los perros?

_____

5. ¿Qué animal nos da la leche?

_____

6. ¿De qué hacemos el queso?

_____

7. ¿Qué tenemos cuando hace calor en el cuarto?

_____

8. ¿Hace calor en el refrigerador?

_____

9. ¿Por qué ponemos los huevos y la carne en el refrigerador?

_____

10. ¿Qué cosa fría hay en unas bandejas en el refrigerador?

_____

11. ¿Por qué no entra en el refrigerador el aire caliente del cuarto?

_____

12. ¿Son dos minutos mucho tiempo?

_____

13. ¿Hacemos sopa con naranjas?

_____

14. ¿Está usted contento cuando la carne no está buena?

_____

pedazo   naranjas   duras   frío
caliente   blando   calor   puré
contento   ✔cerdo

1. El _cerdo_ es un animal.

2. Un _____ de patatas con mantequilla es muy bueno.

3. La estufa da mucho _____.

4. El muchacho tiene un _____ de queso entre los dientes.

5. Cuando el aire sale de la boca, está _____.

6. Cuando la leche no está buena, no estoy

_____.

7. Cuando las patatas están _____, el tenedor no entra en ellas.

8. Lo contrario de duro es _____.

9. El aire dentro del refrigerador está

_____.

10. Tomamos las manzanas y las _____ de los árboles.

Es de noche. Un perro está sentad____ en l____ calle. Hace frío allí. El perro tien____ much____ frío. Va a l____ casa. Ve l____ puerta. La puerta est____ cerrad____. El perro va a otr____ puerta, pero tod____ l____ puertas de la casa est____ cerrad____ con llave.

El viento es frí____. El perro no est____ content____, porque l____ puertas cerrad____ no le dej____ entrar.

¿Qué ve ahora? Un____ ventana est____ abiert____. Es del cuarto de l____ criada, un____ buen____ mujer. La ventana es alt____, pero el perro entr____ por ella.

La criada dic____:"¿Quién es?"

El perro no le contest____ nada. Está content____ porque está otr____ vez en l____ casa.

171

Aquí tiene usted unas preguntas:

1. ¿Qué cosas duras tiene usted en la boca?

   Tengo los dientes en la boca.

2. ¿Está buena la carne cuando los dientes no entran en ella?

   _____

3. ¿Hacemos puré de patatas duras?

   _____

4. ¿Cuando las patatas están blandas, están listas para hacer el puré?

   _____

5. ¿Pone usted sal en la leche antes de tomarla?

   _____

6. ¿Qué toma usted en la mano antes de probar la sopa?

   _____

172

7. ¿Son altos todos los edificios?

_____

_____

8. ¿Son bajas todas las mujeres?

_____

_____

9. ¿Son calientes todas las llamas?

_____

_____

10. ¿Son duros todos los cuchillos?

_____

_____

11. ¿Es la leche buena para los niños?

_____

_____

12. ¿Entra usted en un cuarto por la ventana?

_____

_____

13. ¿Contestó usted bien a todas estas preguntas?

_____

_____

1. Estos *edificios*

   son *diferentes*.

2. Estos *sombreros*

   son *iguales*.

3. Estas _____

   son _____.

4. Estos _____

   son _____.

5. Estas _____

   son _____.

6. Estos _____

son _____.

7. Estos _____

son _____.

8. Estas _____

son _____.

9. Estas _____

son _____.

10. Estos _____

son _____.

175

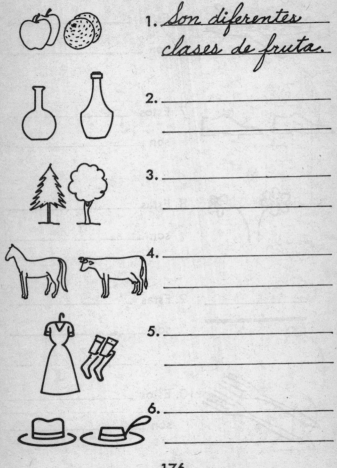

1. _Son diferentes clases de fruta._

2. _____
_____

3. _____
_____

4. _____
_____

5. _____
_____

6. _____
_____

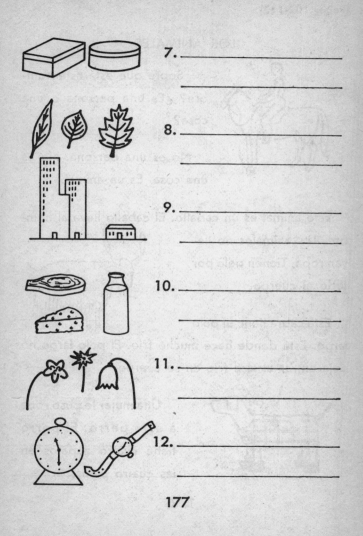

7. _____
   _____

8. _____
   _____

9. _____
   _____

10. _____
    _____

11. _____
    _____

12. _____
    _____

177

LOS ANIMALES

¿Sobre qué está este hombre? ¿Es una persona o una cosa?

No es una persona. No es una cosa. Es un animal.

Este animal es un caballo. El caballo lleva al hombre. Los animales no llevan ropa. Tienen pelo por todo el cuerpo.

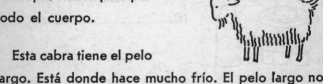

Esta cabra tiene el pelo largo. Está donde hace mucho frío. El pelo largo no deja entrar el aire frío en su cuerpo.

Una mujer le puso ropa a este perro. El perro tiene cuatro zapatos en las cuatro patas.

178

¿Tiene guantes también? ¿Por qué no?

Porque los guantes son para las manos, y los perros no tienen manos.

¿Está contento el perro?

No, no está contento. Tiene calor porque tiene el pelo debajo de la ropa.

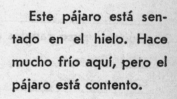

Este pájaro está sentado en el hielo. Hace mucho frío aquí, pero el pájaro está contento.

Un hombre lo llevó a su casa, y allí tenía mucho calor.

Ahora está en la casa del hombre.

Este pájaro no está contento donde no hace frío. Entró en el refrigerador y allí está contento.

¡Adiós!

Aquí tiene usted unas preguntas sobre
LOS ANIMALES:

1. ¿Qué animal lleva a las personas?

El caballo lleva a las personas.

2. ¿Por qué no llevan ropa los animales?

_____

_____

3. ¿Quién le puso zapatos a ese perro?

_____

_____

4. ¿Cuántos zapatos tiene el perro?

_____

_____

5. ¿Por qué no tiene guantes también?

_____

_____

6. ¿Está contento ese pájaro sentado en el hielo?

_____

_____

7. ¿Por qué no es buena para él la casa del hombre?

_____

_____

8. ¿En dónde entró el pájaro para tener frío?

_____

_____

9. ¿Está contento allí?

_____

_____

10. ¿Tiene usted perros en la casa?

_____

_____

11. ¿Hay diferentes clases de perros?

_____

_____

12. ¿Tienen dientes los animales?

_____

_____

13. ¿Tienen dientes los pájaros?

_____

_____

mucho (mucha, muchos, muchas)

Este hombre tiene

muchos sombreros.

El muchacho tiene

mucha comida.

muy

Esta mujer es

muy alta.

Este perro tiene las patas

muy cortas.

1. Tengo _____ dinero en el bolsillo.

2. Las montañas son

_____ altas.

182

3. Estaré en mi casa _____ horas antes de salir.

4. La sopa está

_____ buena.

5. Estos señores tienen

_____ hijos.

6. Hay _____ hielo en el refrigerador.

7. En esa tierra hace

_____ frío.

8. La sopa está hirviendo.

Está _____ caliente.

9. La mujer tiene

_____ calor.

10. Ella no está _____ contenta.

bueno (buena, buenos, buenas)

Estas manzanas son muy

buenas .

Ella es una

buena madre.

bien

Este perro no

ve *bien* .

Mi reloj va *bien* .

1. La criada hizo _____ la sopa.

2. Yo no veo

_____ a través de
la botella.

3. La carne dura no es

_____ .

184

4. El vino no sale

_____ de esta botella.

5. Nuestra criada hace las cosas de la casa muy

_____.

6. Yo tengo los dientes

_____.

7. Nuestra vaca da mucha leche. Es una vaca muy

_____.

8. De noche los muchachos _____ están en la casa.

9. Yo contesto _____ a todas las preguntas.

el   la   lo   los   las

El avión va por _____*el*_____ aire. Debajo del avión hay casas y calles, árboles y muchas otras cosas. _____ hombre en _____ avión no ve _____ calles. No ve _____ árboles. El ve _____ aparatos del avión y no ve otra cosa.

El avión va bien. El hombre mete _____ mano en _____ bolsillo. Saca una caja y _____ abre. En _____ caja hay carne, pan, huevos, un pedazo de queso y una botella de leche. El hombre saca _____ pan, _____ carne, _____ huevos y _____ leche de la caja. Ahora él prueba todas estas cosas, pero no está contento porque _____ queso está duro.

Debajo del avión hay un edificio alto de muchos cuartos. En un cuarto donde _____ luz no entra y donde hace mucho frío, hay dos niños. _____ dos niños no están contentos porque tienen frío y no tienen comida.

_____ dos caras están a _____ ventana. Ahora ven una cosa muy alta en _____ aire. ¡Ah, es un avión! El avión va por el aire, y después de unos minutos los niños no _____ ven. Pero por esos minutos los niños estaban contentos.

186

(Pages 114-116)

1. Es una _familia_ de cinco personas.

2. La mujer es _____ _____ de los

   muchachos y _____ del hombre.

3. El hombre es _____ _____ de los

   muchachos y _____ _____ de la mujer.

4. Los tres muchachos son _____ _____
   del hombre y de la mujer.

5. Las dos muchachas son _____ _____

   del hombre y _____ _____ del
   muchacho.

6. El muchacho es _____ _____ del

   hombre y _____ _____ de las
   muchachas.

187

LA FAMILIA

Hay cuatro personas en la familia Vargas. Los señores Vargas son los padres de dos hijos, Juanita y Manuel. Juanita es una muchacha y Manuel es un muchacho. Tienen su casa en la calle Mayor, número 97.

La señora de Vargas es una buena madre para Juanita y para Manuel. Da buena comida a su familia. Cuando hace frío, la madre dice a la criada: "Usted nos hará una sopa porque tenemos frío."

La criada va a la tienda para comprar leche y patatas. Compra fruta también porque la fruta es buena para los muchachos. Después de unos días, el señor Vargas va a la tienda y le da dinero al hombre por las cosas que la criada compró allí.

El padre también es bueno. Le dió un perro a su hijo. Manuel estaba contento cuando vió el nuevo perro. Dijo: "Este es mi perro. El irá donde yo voy."

Juanita estaba contenta también porque su padre le dió a ella un vestido nuevo. Todas las personas de esta familia están contentas.

188

Aquí tiene usted unas preguntas sobre LA FAMILIA,

1. ¿Cuántas personas hay en la familia Vargas?

Hay cuatro personas en la familia Vargas.

2. ¿Cuántos hijos tienen los señores Vargas?

_____

_____

3. ¿Quién es la madre de la familia?

_____

_____

4. ¿Quién es el padre?

_____

_____

5. ¿Quién es el hermano de Juanita?

_____

_____

6. ¿Dónde está su casa?

_____

_____

7. ¿Es una buena madre la señora de Vargas?

_____

_____

8. ¿Qué hace la criada cuando hace frío?

_____

_____

9. ¿Qué compra la criada en la tienda?

_____

_____

10. ¿Quién da dinero al hombre por las cosas que la criada compró en la tienda?

_____

_____

11. ¿Qué dió el señor Vargas a su hijo?

_____

_____

12. ¿Estaba contenta Juanita también?

_____

¿Por qué?

_____

debajo de   después de   dentro de

antes de   a través de

1. El perro entra en el cuarto por

   debajo de la puerta.

2. La cabeza del pájaro está _____ la botella.

TIENDA

3. La criada sale de la tienda _____ comprar las patatas.

¡Adiós!

4. El niño dice "¡Adiós!" a su madre _____ salir.

5. La muchacha va _____ la calle.

191

es   está

 El agua es transparente. Ahora está fría.

Yo la pongo en la cacerola sobre la llama. Después de unos minutos está caliente.

 ¿Es transparente ahora?

Sí, es transparente todo el tiempo.

¿Está caliente todo el tiempo?

No, antes estaba fría.

Decimos: "El agua es transparente" (no está), porque es transparente todo el tiempo.

Decimos: "El agua está caliente" (no es), porque no está caliente todo el tiempo.

es (son)   está (están)

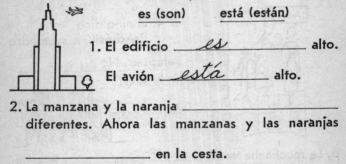

1. El edificio _____es_____ alto.

El avión _____está_____ alto.

2. La manzana y la naranja _____
diferentes. Ahora las manzanas y las naranjas

_____ en la cesta.

192

3. Juan tiene una manzana.

_____ una manzana
buena.

Juan _____ contento.

4. La sopa _____ buena ahora. Pongo
mucha sal en la sopa. Ahora no _____ buena.

5. Esta patata _____
dura. No _____
blanda.

6. El agua _____
hirviendo.

La cacerola _____
sobre la llama.

7. El perro _____
delgado.

El cerdo _____
grueso.

8. Estas personas _____
sentadas. No _____
de pie.

9. Ella _____ una
muchacha.

_____ en la ventana.

La ventana _____ abierta.

1. La muchacha <u>irá</u> a la tienda. Dice: "Yo _iré_
   a la tienda." Los niños ___ _irán_ ___ con ella.
   Dicen: "Nosotros _iremos_ también."

2. La señora <u>dará</u> un libro a los muchachos. Los muchachos dicen: "Nosotros _____ el libro
   a la muchacha." Ellos le _____ el libro.
   Yo no les _____ nada.

3. Las mujeres <u>pondrán</u> manzanas en una cesta. Yo
   _____ naranjas en la cesta. Los niños
   _____ otra fruta allí. Después nosotros
   _____ la cesta en la mesa.

4. Yo <u>tomaré</u> vino. El señor _____ agua.
   Los niños _____ leche. Todos nosotros _____ sopa.

5. Nosotros <u>veremos</u> las montañas. Yo _____
   una montaña alta. Los muchachos _____
   mucho hielo. Usted nos _____ allí.

6. ¿Qué haremos nosotros con nuestro dinero? ¿Qué _____ usted? Yo no _____ nada. Los muchachos _____ muchas cosas.

7. ¿Qué les dirán sus padres? Nuestro padre nos _____: "¿Dónde estaban ustedes?" Yo le _____ que estábamos con usted. Después nosotros le _____ a usted lo que él nos contesta.

8. Yo compraré un hueso para el perro. Ustedes le _____ un plato. Mi madre le _____ carne. Nosotros le _____ todas estas cosas.

9. Los niños estarán con mi padre. Mi padre _____ con mi madre. Yo _____ con ustedes. Nosotros _____ juntos.

10. Mi padre saldrá a las siete y media. Los muchachos _____ a las ocho. Nosotros _____ a las nueve. Yo _____ con ustedes.

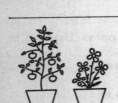

1. Un árbol es alto.

El otro es *bajo*.
Uno es delgado.

El otro es *grueso*.
¿Qué árbol es bajo?

El árbol grueso es bajo.

¿Qué árbol es alto?

_____

2. Una planta es alta.

La otra es _____.
Una tiene flores.

La otra tiene _____.

¿Qué planta tiene flores?

_____

¿Qué planta tiene fruta?

_____

3. Un vestido es nuevo.

El otro es _____.
¿Qué vestido es largo?

_____

196

4. La mantequilla de un plato está <u>dura</u>.

La mantequilla del otro plato está _____.

¿Qué mantequilla estaba en el refrigerador?

_____

5. Una ventana está <u>abierta</u>.

La otra está _____.

¿En qué ventana está la muchacha?

_____

6. La criada tiene una bandeja y un tenedor.

¿En qué mano tiene ella la bandeja?

_____

¿En qué mano tiene el tenedor?

_____

1. Este es un hombre. Tiene un caballo.
   Este es el hombre *que tiene un caballo*.

2. Este es un libro. Lo tomé del estante.
   Este es el libro *que tomé del estante*.

3. Este es un pedazo de queso.
   Está en el plato.
   Este es el pedazo de queso

   _____

   _____

4. Este es un sombrero.
   Estaba en la pared.
   Este es el sombrero _____

   _____

5. Este es un diente.
   Estaba en mi boca.
   Este es el diente _____

   _____

6. Estos son unos guantes.
   Los compré en la tienda.
   Estos son los guantes _____

   _____

7. Estos son dos muchachos.
   Fueron a la casa.
   Estos son los muchachos

   _____

8. Este es un hombre.
   Dice: "Buenos días."
   Este es el hombre _____

   _____

9. Esta es una cuchara.
   Yo la tenía en la mano.
   Esta es la cuchara _____

   _____

10. Este es un avión.
    Va sobre las montañas.
    Este es el avión _____

    _____

LOS HUEVOS

¿Quién es esta muchacha?

Esta muchacha es Francisca.

¿Qué lleva en la cabeza?

Lleva una cesta. En la cesta hay huevos.

La muchacha está muy contenta. Dice: "Los huevos que tengo son muy buenos. Muchas personas me darán dinero por estos huevos. Con ese dinero yo compraré una cabra. Las cabras dan leche. Comprarán la leche de la cabra, y con ese dinero yo compraré una vaca. Haré mantequilla y queso de la leche de la vaca. Después tendré mucho dinero para comprar vestidos nuevos, zapatos buenos y otras cosas. Compraré una casa nueva para mi familia. Mis padres estarán muy contentos."

¿Pero ve usted lo que hace ahora?

Francisca tenía los ojos cerrados. Los huevos que estaban en la cesta están ahora en el suelo. No le darán dinero ahora por los huevos. Ella no comprará nada. No está contenta.

200

Aquí tiene usted unas preguntas sobre LOS HUEVOS:

1. ¿Dónde está la muchacha?

_____

_____

2. ¿Qué lleva en la cabeza?

_____

_____

3. ¿Está contenta?

_____

_____

4. ¿Son buenos los huevos?

_____

_____

5. ¿Quién le dará dinero por los huevos?

_____

_____

6. ¿Qué hará ella con ese dinero?

_____

_____

7. ¿Qué dan las cabras?

_____

_____

8. ¿Qué hará la muchacha de la leche de la vaca?

_____

_____

9. ¿Qué ropa comprará?

_____

_____

10. ¿Qué dará a su familia?

_____

_____

11. ¿Le van a comprar los huevos ahora?

_____

_____

12. ¿Está contenta ahora?

_____

_____

VERBOS

VERBOS

abrir

pres. abro, abres, abre, abrimos, abrís, abren
fut. abriré, abrirás, abrirá, abriremos, abriréis, abrirán
pas. abrí, abriste, abrió, abrimos, abristeis, abrieron
p.p. abierto

comprar

pres. compro, compras, compra, compramos, compráis,
compran
fut. compraré, comprarás, comprará, compraremos, com-
praréis, comprarán
pas. compré, compraste, compró, compramos, comprasteis,
compraron
p.p. comprado

contar

pres. cuento, cuentas, cuenta, contamos, contáis, cuentan
fut. contaré, contarás, contará, contaremos, contaréis, con-
tarán
pas. conté, contaste, contó, contamos, contasteis, contaron
p.p. contado

contestar

pres. contesto, contestas, contesta, contestamos, contestáis,
contestan
fut. contestaré, contestarás, contestará, contestaremos, con-
testaréis, contestarán
pas. contesté, contestaste, contestó, contestamos, contestasteis,
contestaron
p.p. contestado

dar
pres. doy, das, da, damos, dais, dan
fut. daré, darás, dará, daremos, daréis, darán
pas. di, diste, dió, dimos, disteis, dieron
p.p. dado

decir
pres. digo, dices, dice, decimos, decís, dicen
fut. diré, dirás, dirá, diremos, diréis, dirán
pas. dije, dijiste, dijo, dijimos, dijisteis, dijeron
p.p. dicho

dejar
pres. dejo, dejas, deja, dejamos, dejáis, dejan
fut. dejaré, dejarás, dejará, dejaremos, dejaréis, dejarán
pas. dejé, dejaste, dejó, dejamos, dejasteis, dejaron
p.p. dejado

entrar
pres. entro, entras, entra, entramos, entráis, entran
fut. entraré, entrarás, entrará, entraremos, entraréis, entrarán
pas. entré, entraste, entró, entramos, entrasteis, entraron
p.p. entrado

estar
pres. estoy, estás, está, estamos, estáis, están
fut. estaré, estarás, estará, estaremos, estaréis, estarán
pas. estuve, estuviste, estuvo, estuvimos, estuvisteis, estuvieron
p.p. estado

haber
pres. he, has, ha, hemos, habéis, han
fut. habré, habrás, habrá, habremos, habréis, habrán
pas. hube, hubiste, hubo, hubimos, hubisteis, hubieron
p.p. habido

haber (de existencia)
pres. hay
fut. habrá
pas. hubo
p.p. habido

hacer
pres. hago, haces, hace, hacemos, hacéis, hacen
fut. haré, harás, hará, haremos, haréis, harán
pas. hice, hiciste, hizo, hicimos, hicisteis, hicieron
p.p. hecho

ir
pres. voy, vas, va, vamos, vais, van
fut. iré, irás, irá, iremos, iréis, irán
pas. fuí, fuiste, fué, fuimos, fuisteis, fueron
p.p. ido

levantar
pres. levanto, levantas, levanta, levantamos, levantáis, levantan
fut. levantaré, levantarás, levantará, levantaremos, levantaréis, levantarán
pas. levanté, levantaste, levantó, levantamos, levantasteis, levantaron
p.p. levantado

llevar
pres. llevo, llevas, lleva, llevamos, lleváis, llevan
fut. llevaré, llevarás, llevará, llevaremos, llevaréis, llevarán
pas. llevé, llevaste, llevó, llevamos, llevasteis, llevaron
p.p. llevado

medir
pres. mido, mides, mide, medimos, medís, miden
fut. mediré, medirás, medirá, mediremos, mediréis, medirán
pas. medí, mediste, midió, medimos, medisteis, midieron
p.p. medido

meter

pres. meto, metes, mete, metemos, metéis, meten
fut. meteré, meterás, meterá, meteremos, meteréis, meterán
pas. metí, metiste, metió, metimos, metisteis, metieron
p.p. metido

mover

pres. muevo, mueves, mueve, movemos, movéis, mueven
fut. moveré, moverás, moverá, moveremos, moveréis, moverán
pas. moví, moviste, movió, movimos, movisteis, movieron
p.p. movido

poner

pres. pongo, pones, pone, ponemos, ponéis, ponen
fut. pondré, pondrás, pondrá, pondremos, pondréis, pondrán
pas. puse, pusiste, puso, pusimos, pusisteis, pusieron
p.p. puesto

preguntar

pres. pregunto, preguntas, pregunta, preguntamos, preguntáis, preguntan
fut. preguntaré, preguntarás, preguntará, preguntaremos, preguntaréis, preguntarán
pas. pregunté, preguntaste, preguntó, preguntamos, preguntasteis, preguntaron
p.p. preguntado

probar

pres. pruebo, pruebas, prueba, probamos, probáis, prueban
fut. probaré, probarás, probará, probaremos, probaréis, probarán
pas. probé, probaste, probó, probamos, probasteis, probaron
p.p. probado

sacar

pres. saco, sacas, saca, sacamos, sacáis, sacan
fut. sacaré, sacarás, sacará, sacaremos, sacaréis, sacarán
pas. saqué, sacaste, sacó, sacamos, sacasteis, sacaron
p.p. sacado

salir

pres. salgo, sales, sale, salimos, salís, salen
fut. saldré, saldrás, saldrá, saldremos, saldréis, saldrán
pas. salí, saliste, salió, salimos, salisteis, salieron
p.p. salido

tener

pres. tengo, tienes, tiene, tenemos, tenéis, tienen
fut. tendré, tendrás, tendrá, tendremos, tendréis, tendrán
pas. tuve, tuviste, tuvo, tuvimos, tuvisteis, tuvieron
p.p. tenido

tomar

pres. tomo, tomas, toma, tomamos, tomáis, toman
fut. tomaré, tomarás, tomará, tomaremos, tomaréis, tomarán
pas. tomé, tomaste, tomó, tomamos, tomasteis, tomaron
p.p. tomado

ver

pres. veo, ves, ve, vemos, veis, ven
fut. veré, verás, verá, veremos, veréis, verán
pas. vi, viste, vió, vimos, visteis, vieron
p.p. visto

CONTESTACIONES

CONTESTACIONES

The first number indicates the page of the workbook on which the questions appear. The number in parentheses refers to the pages in *Spanish Through Pictures, Book 1,* which these exercises support.

Pages 2–3 (1–3)

1. Yo soy una mujer.
2. Usted es un hombre.
3. Ella es una mujer.
4. Usted es un muchacho.
5. Ella es una muchacha.
6. Yo soy un hombre.
7. Yo soy un muchacho.
8. El es un hombre.

Pages 4–5 (4–5)

1. una muchacha
2. un sombrero
3. una mujer
4. una mano
5. un muchacho
6. una mesa
7. un hombre
8. una cabeza

Page 6 (5)

1. mi   2. su   3. mi   4. su

Page 7 (6)

1. Es el señor García.
2. Es la señora de García.
3. Es el señor Rosas.
4. Es la señorita Gómez.
5. Es la señora de Vargas.

Pages 8–9 (6–8)

1. un, el
2. una, la
3. una, mi
4. tiene, su
5. tengo, cabeza
6. tiene, mano

Pages 10–11 (8–9)

1. tiene, su
2. dos, sus
3. manos, mis
4. El, Son
5. sombrero, la
6. izquierda, derecha

213

CONTESTACIONES

Pages 12–13 (10–12)

1. pondrá
2. pone
3. puso
4. tomará
5. toma
6. tomó

Pages 14–15 (12)

1. El hombre tiene una mesa en sus manos.
2. La señorita tiene la mano izquierda en su cabeza.
3. La muchacha puso su cabeza en la mesa.
4. La mujer pondrá el sombrero en su cabeza.
5. El muchacho toma dos sombreros de la mesa.

Page 16 (13)

1. dos sombreros
2. una mesa
3. tres mujéres
4. dos manos
5. un hombre
6. dos muchachas

Page 17 (13)

1. El
2. Ella
3. Ellos
4. Ellas
5. El
6. Ellas

Pages 18–19 (13–14)

1. Ellos son dos muchachos.
2. Ustedes son dos muchachas.
3. Nosotros somos dos hombres.
4. Ellas son tres mujeres.
5. Nosotras somos tres muchachas.
6. Ustedes son dos hombres.

Pages 20–21 (15)

1. Es la cabeza de la mujer.
2. Son las manos del muchacho.
3. Es el sombrero del hombre.
4. Es la cabeza de la muchacha.
5. Son las manos de la mujer.
6. Es la mesa de la muchacha.

214

7. Es la mano izquierda del muchacho.

8. Es el sombrero de la mujer.

Pages 22–23 (16–18)

1. Tomaré
2. tomo
3. Tomé
4. Pondré
5. pongo
6. Puse

Pages 24–25 (19–20)

1. un muchacho, aquí
2. un pájaro, allí
3. un hombre, aquí
4. dos muchachas, allí
5. dos sombreros, aquí
6. una mujer, allí

Pages 26–27 (21)

1. soy, estoy
2. es, está
3. es, aquí
4. somos, estamos
5. es, está
6. son, están

Pages 28–29 (22–23)

1. Este, Ese
2. Ese, Esa
3. Esta, Esa
4. Este, Esa
5. Esta, Ese
6. Este, Esta

Pages 30–31 (3–23)

1. Ella es una muchacha.
2. Es la mano izquierda del hombre.
3. Este hombre tiene el sombrero en la cabeza.
4. Esta muchacha está aquí.
5. La mujer tiene dos mesas.
6. El hombre pone el sombrero en su cabeza.

Pages 32–33 (24–25)

1. un barco, en el agua
2. un vaso, en una mano
3. un pájaro, en un sombrero
4. dos botellas, en una mesa
5. un barco, en una botella
6. un muchacho, en el agua

215

Pages 34–35 (16–25)

1. Toma una botella de la mesa.
2. Puse mi sombrero en la cabeza.
3. Dos pájaros están en el agua.
4. Estos muchachos están en un barco.
5. Pone agua en un vaso.
6. La mano izquierda del hombre está en la mesa.
7. La botella estará en la mesa.

Pages 36–38 (24–26)

1. Este, y
2. cuatro, están
3. está, vaso
4. barcos, agua
5. Estas
6. y, vaso, en
7. esa, allí
8. Esos
9. Esas

Page 39 (24–25)

1. está
2. no tiene
3. es
4. toma
5. no están
6. ponen

Page 40 (27)

1. dos, las, del
2. dos, los, del
3. una, la, de
4. dos, los, del
5. dos, las, del

Page 41 (1–27)

1. soy
2. estoy
3. dos
4. Estas
5. Estos
6. es
7. Esta
8. Ella
9. las, de
10. tiene, en
11. Nosotras

Pages 42–43 (28–29)

1. de, abierta
2. puertas, está, cerrada
3. cuarto, pared, cerrada
4. dos, cuarto, ventana, otra, abierta, Hay, cuarto, botella, suelo

Page 44 (25–30)

1. Esta, una
2. Esta, una
3. Este, un
4. Esta, una
5. Esta, una
6. Esta, una
7. Este, un
8. Esta, una

CONTESTACIONES

Page 45 (26–30)

1. Estas, mesas
2. Estas, botellas
3. Estos, señores
4. Estas, manos
5. Estas, mujeres
6. Estas, paredes
7. Estos, pies
8. Estas, calles

Pages 46–47 (29–30)

1. sombrero
2. dos hombres
3. un pájaro, ventana
4. una mujer, puerta
5. tres botellas, el suelo
6. un vaso, la mesa
7. una ventana en esta pared
8. Hay un barco en esta botella

Pages 48–49 (30–31)

1. casas, está, en, a
2. va
3. fué
4. puerta, casa, calle, cerrada, abierta

Pages 50–53 (32)

1. dará, Le
2. da, Le
3. dió, Le
4. pondrá
5. pone
6. puso
7. tomará
8. toma
9. tomó
10. daré
11. doy
12. di

Page 54 (34)

1. Es una ventana.
2. Es una botella.
3. Son dos sombreros.
4. Es una cabeza.
5. Es un cuarto.
6. Son tres paredes.

Pages 55–56 (27–34)

1. Sí, es un brazo
2. No, no es una calle. Es una casa.
3. Sí, es una pierna
4. No, no es un vaso. Es una puerta.
5. No, no son dos manos. Son dos pies.
6. Sí, son dos pájaros.
7. No, no son dos muchachos. Son dos muchachas.

217

8. No, no son dos bote-
   llas. Son una botella y
   un vaso.

9. No, no son dos puer-
   tas. Son una puerta y
   una ventana.

Page 57 (34)

1. Hay un sombrero en
   esta mesa.
2. No, esta ventana no
   está abierta. Está
   cerrada.

3. No, el hombre no está
   en la calle ahora. Está
   a la puerta.

Pages 58–59 (39–40)

1. Son las cuatro.
2. Son las siete.
3. Es la una.
4. Son las once.
5. Son las nueve.
6. Son las seis.

7. Son las cinco.
8. Son las dos.
9. Son las diez.
10. Son las tres.
11. Son las ocho.
12. Son las doce.

Page 60 (41)

1. cosa
2. persona
3. persona
4. cosa
5. cosas

6. persona
7. cosa
8. cosas
9. personas
10. persona

11. cosas
12. cosa
13. personas
14. persona

Page 61 (41)

1. Sí, el muchacho es una
   persona.
2. No, la puerta no es
   una persona. Es una
   cosa.

3. Sí, la casa es una
   cosa.
4. No, la mujer no es
   una cosa. Es una per-
   sona.

Pages 62–63 (41–42)

1. Está en un cuarto
2. Está en el vaso.

3. Está en la mano.
4. Está a la ventana.

5. Está en el estante.
6. Está a la puerta.
7. Estaba en la botella.

8. Está en el suelo.
9. Están en el libro.

Pages 64–65 (32–43)

1. El agua estaba en la botella.
2. Los muchachos estaban en la casa.
3. La mujer da un vaso a la muchacha.
4. El señor dió el barco al muchacho.

5. Yo tomo este libro del estante.
6. Yo daré un libro a ese señor.
7. Los muchachos van de la puerta a la ventana.

Page 66 (41–43)

1. Ella, él
2. El, ella
3. ellas
4. Ellos
5. El, ella
6. ellos
7. ellas
8. ellos, él

Page 67 (42–43)

1. No, no están juntos.
2. Sí, María está con Juan. Ella está con él.
3. No, no están juntos.
4. Sí, fueron juntos.

5. No, ahora no están juntos.
6. Sí, están juntos.
7. No, ahora no están juntos.

Pages 68–69 (44)

1. abierta
2. abiertos
3. cerrado
4. cerrada
5. cerrado
6. cerrados
7. derecha
8. izquierdo

Pages 70–71 (45)

1. Yo veo un barco.
2. Yo veo a una muchacha.
3. Yo veo una ventana y una puerta.
4. Yo veo dos mesas.

5. Yo veo a dos hombres.
6. Yo veo dos sombreros.
7. Yo veo libros.
8. Yo veo dos relojes.
9. Yo veo a un niño.

219

Pages 72–73 (44–45)

1. Sí, están abiertos.
   Sí, ella ve.
2. No, no están abiertos.
   No, él no ve.
3. Sí, ella ve la botella.
4. No, ella no ve el reloj.
5. No, ella no ve ahora.
6. El ojo derecho está abierto; el ojo izquierdo está cerrado.
7. Sí, la mujer tiene los ojos abiertos.
   Sí, ella ve a la muchacha.
   No, la muchacha no la ve.

Page 74 (39–46)

1. Es un libro.
2. Son dos ojos.
3. Es una nariz.
4. Es una boca.
5. Es un estante.
6. Son dos relojes.

Page 75 (45–46)

1. Yo veo.
2. Yo no veo.
3. Ella no ve.
4. No dice nada.
5. Dirá: "Abierta."
6. Dice: "Abierta."
7. Dijo: "Abierta."

Page 76 (47)

tengo, tomé, está, Estaba, están,
pondré, estará, ve, es, doy, toma

Page 77 (48)

1. en
2. de
3. entre
4. sobre
5. entre
6. debajo de
7. Son las cuatro.
8. No, la ventana no está abierta. Está cerrada.

Pages 78–79 (45–48)

1. no ve
2. no están
3. no, tiene
4. no veo
5. no somos
6. no van
7. no dice
8. No hay

CONTESTACIONES

Pages 82–83 (30–48)

1. Hay agua en la calle.
2. Hay agua en la casa.
3. El muchacho estaba en la casa.
4. Ve una botella, una mesa, un sombrero, un perro y otras cosas en el agua.
5. El perro estaba en el agua.
6. El muchacho toma el perro del agua.
7. El pájaro ve la boca abierta del perro.
8. Sí, el muchacho ve a dos hombres.
9. Están en un barco.
10. El muchacho les dice: "¡Aquí! ¡Yo estoy aquí sobre esta casa!"
11. Sí, el muchacho y el perro van con los hombres.
12. La casa está debajo del agua.

Pages 84–85 (49)

1. largas
2. largo, corto
3. largos, cortos
4. corta
5. largo
6. larga
7. largo, corto
8. largas

Page 86 (48–49)

1. los
2. la
3. La
4. Las
5. lo
6. Lo
7. Los
8. La
9. Los
10. Las

Page 87 (50)

1. antes del
2. antes del
3. entre
4. antes del
5. entre
6. después de
7. después de
8. entre

Page 88 (51)

1. tengo
2. tienen
3. tiene
4. tienen
5. las tenemos
6. tenía, lo tiene

Page 89 (50–51)

1. estoy
2. está
3. están
4. estaba, está
5. estamos
6. estaban, están

221

Pages 90–91 (45–51)

1. le	3. la	5. las veo
2. le	4. la	6. los vemos

Page 92 (52–53)

1. Las dos manos tienen diez dedos.
2. Sí, yo veo todos los dedos de las dos manos.
3. El perro tiene cuatro patas.
4. Sí, yo veo todas sus patas.
5. Hay tres ventanas aquí.
6. No, dos ventanas están cerradas, pero la otra está abierta.

Page 93 (45–53)

1. Sí, la veo.
2. No, yo no tengo tres pies. Yo tengo dos pies.
3. Yo tengo dos ojos.
4. No, yo no tengo los ojos cerrados ahora. Mis ojos están abiertos.
5. Sí, lo veo.
6. No, yo no estoy en la calle ahora.
7. Un perro tiene una cola.
8. Sí, la cola es parte de su cuerpo.

Page 94 (14–53)

1. somos, nuestros, está, nuestra, estamos
2. son, Están, Van, tienen, su, va

Page 95 (41–53)

1. Sí	4. Sí	7. No	10. Sí
2. No	5. No	8. No	11. No
3. Sí	6. No	9. Sí	12. No

Page 96 (54)

1. del	3. de	5. del
2. de	4. de la	6. de la

Page 97 (54)

1. Son partes de la cara.
2. Una persona tiene dos brazos.
3. Una silla tiene cuatro patas.
4. Sí, un perro tiene orejas.

5. Son partes del cuerpo de una persona.
6. Hay ocho preguntas en esta página.
7. Está debajo de su boca.
8. Están en sus manos y en sus pies.

Pages 98–99 (45–53)

1. Hay tres personas en este cuarto.
2. El niño está en el suelo.
3. Tiene en la mano la cola del perro.
4. Sí, el hombre ve al niño.
5. El hombre dice: "¡No, no, Juanito!"

6. Juanito es el niño.
7. La mujer tiene un vaso en la mano.
8. Lo pondrá en la mesa.
9. No, la puerta no está cerrada. Está abierta.
10. No veo nada en el otro cuarto.

Pages 100–101 (62–65)

1. abrirá
2. abre
3. Abrió
4. Sacará
5. Saca
6. Sacó
7. Meterá
8. Mete
9. Metió
10. Entrará
11. entra
12. Entró

Pages 102–103 (14–43)

1. ¿Es usted una persona?
2. ¿Está usted aquí?
3. ¿Tiene usted dos manos?
4. ¿Tiene usted los ojos cerrados?
5. ¿Son ustedes dos muchachos?
6. ¿Van ustedes a la casa?

CONTESTACIONES

Pages 104–105 (66)

1. Uno, El otro
2. Una, La otra
3. una, las otras
4. Uno, Los otros
5. Una, Las otras
6. Uno, El otro
7. Una, La otra
8. Una, Las otras

Page 106 (62–68)

1. Quién
2. Dónde
3. Adónde
4. Qué
5. Cuántas
6. Dónde
7. Cuántos
8. Qué
9. Quién
10. Dónde

Page 107 (73)

1. le
2. la
3. le
4. la
5. la
6. le
7. le
8. la

Pages 108–109 (76)

1. Hay dos sombreros en la pared.
2. Hay una llave en la cerradura.
3. Da una vuelta a la llave.
4. No hay nada en la mesa.
5. No tiene nada en la mano.
6. Hay una botella en el bolsillo.
7. No ve nada.
8. Hay un pájaro debajo de la mesa.

Pages 112–113 (62–78)

1. Sí
2. Sí
3. No
4. Sí
5. No
6. No
7. Sí
8. No
9. Sí
10. No
11. No
12. No
13. Sí
14. Sí
15. Sí
16. No
17. Sí
18. No
19. Sí
20. No

Pages 114–115 (67–75)

1. saldrá
2. sale
3. salió
4. verá
5. ve
6. vió, iré
7. voy
8. fuí

224

CONTESTACIONES

Page 116 (75–78)

1. a	4. de	7. De	10. a
2. en	5. del, en	8. de, en	11. al
3. en	6. con	9. por	

Page 117 (41–78)

1. ¿Dónde estaba el sombrero?
2. ¿Qué ve la señora?
3. ¿Quién es esta señora?
4. ¿Cuántas pesetas hay en el sombrero?
5. ¿Por qué fué el señor?
6. ¿Cuántas patas tiene una mesa?
7. ¿Dónde metió el señor el dinero?
8. ¿Dónde está la barbilla?

Page 118 (41–79)

1. iré	4. veo	7. metí
2. tomaré	5. pongo	8. di
3. doy	6. vi	

Page 119 (80–82)

1. tienen	5. hacen	9. dicen
2. tomarán	6. irán	10. contestan
3. tenían	7. salen	
4. están	8. llevan	

Pages 120–122 (80–84)

1. Toma la copa del estante.
2. Mete el dinero en el bolsillo.
3. Toman el vino.
4. Ve sombreros y guantes en la tienda.
5. Compra zapatos.
6. Tiene una pipa en la boca.
7. Lleva una media de la mujer.
8. Tenía un vaso en la mano.
9. Da un plato al perro.
10. Mueve la silla.

225

CONTESTACIONES

Page 123 (84–89)

1. compra, compró
2. entra, entró
3. pregunta, preguntó
4. contesta, contestó
5. saca, sacó
6. toma, Tomó
7. lleva, llevó

Pages 124–125 (62–84)

1. abre
2. llave
3. mete
4. entra
5. al
6. debajo de
7. le
8. nuevo
9. lo
10. cuatro
11. están
12. viento
13. fuí
14. nuestras
15. toman

Page 126 (80–84)

1. El libro estaba en el estante.
2. El señor no dice nada.
3. El perro tiene cuatro patas.
4. Tengo una pipa en la mano derecha.
5. ¿Cuántos dedos tiene usted?
6. El vino está en la copa.
7. Hay tres cucharas en la mesa.
8. Hay zapatos nuevos en la tienda.

Page 127 (81–84)

una, este, Los, están, sentados, la, están, juntos.
platos, Todas, toman, tienen, la.
tiene, abierta, toma, tengo, nuevos, compré, una.
los, dice, iré, la, compraré, nuevo, bolsillos, meteré, los.

Pages 128–129 (89)

1. El número treinta está después del veintinueve.
2. El número cuarentinueve está antes del número cincuenta.
3. Los números sesenta y ocho y sesenta y nueve están entre el sesenta y siete y el setenta.

226

4. El noventa y nueve
está entre el noventa
y ocho y el cien.
5. Los números trece,
catorce, quince, die-
ciséis, diecisiete,
dieciocho, diecinueve,
veinte, veintiuno,
veintidós, veintitrés,
veinticuatro, veinti-
cinco y veintiséis,
están entre el doce y
el veintisiete.
6. El número tres está
entre el dos y el
cuatro.
7. El número quince
está antes del número
veinte.

8. Hay doce números en
el reloj.
9. Una persona tiene
diez dedos en las
manos y diez dedos
en los pies.
10. La casa tiene catorce
ventanas.
11. Hay cuarenta y cuatro
zapatos en el cuarto.
12. Tienen cincuenta y
cinco pesetas.
13. Ahora tiene ochenta y
tres pesetas.
14. Dió setenta y dos
pesetas por su ropa
nueva.

Pages 130–131 (90–91)
A. 1. después de
   2. antes de
B. 1. antes de
   2. después de

C. 1. antes de
   2. después de
   3. después de, antes de

Pages 132–133 (90–91)
1. El, la, del
2. la, en
3. botella, la
4. La tomó antes de
   ponerla en la mesa.

5. La puso en la mesa
   después de tomarla.
6. La tenía en la mano
   después de tomarla y
   antes de ponerla en la
   mesa.

227

CONTESTACIONES

Pages 134–135 (90–91)

1. la, de
2. la, en
3. la, la
4. La tomó antes de ponerla en la boca.

5. La puso en la boca después de tomarla.
6. La tenía en la mano después de tomarla y antes de ponerla en la boca.

Pages 136–137 (92–93)

1. Sí, lo veo.
2. No, no hay botellas en la mesa.
3. Hay tres platos en la mesa.
4. Hay dos manzanas en un plato.
5. Hay dos tenedores en la mesa.
6. Hay tres cuchillos en la mesa.
7. La bandeja está debajo de la mesa.

8. Sí, hay dos vasos en la mesa.
9. Dos personas la tomarán aquí.
10. No, no la tomarán con un tenedor. La tomarán con una cuchara.
11. No, no estarán de pie. Estarán sentadas.
12. Sí, las manzanas estaban en una rama antes de estar en la mesa.

Page 141 (62–93)

1. Sí	5. No	9. Sí	13. No
2. No	6. No	10. Sí	14. No
3. No	7. No	11. No	15. Sí
4. Sí	8. Sí	12. Sí	

Page 142 (94)

1. Los	5. La	8. los	11. los
2. La	6. las	9. Le	12. lo
3. Las	7. la	10. Las	13. la
4. Los			

228

CONTESTACIONES

Page 143 (89–97)

1. cifra
2. levantará
3. también
4. nos
5. veinte
6. Cuándo
7. cuchillos
8. tenedor
9. tienda
10. oveja

Pages 144–145 (97)

1. ¿Es una manzana?
2. ¿Es un vaso?
3. ¿Es el cerdo un animal?
4. ¿Cuántas patas tienen los animales?
5. ¿Está este muchacho sobre una vaca?
6. ¿Qué hay en esta botella?
7. ¿Qué nos dan las vacas?
8. ¿Cuándo estaba la manzana en la rama?
9. ¿Quién tomó la manzana?
10. ¿Cuándo abrió el señor la puerta?
11. ¿Está la puerta abierta ahora?
12. "¿Tiene usted dinero en el bolsillo?"

Pages 146–147 (80–97)

1. le
2. le
3. les, me
4. le, les
5. le
6. me
7. les
8. nos
9. le, me
10. le

Pages 148–149 (97–99)

1. animales, caballo, vaca, leche
2. planta, tierra, ramas
3. manzanas, rama, hojas
4. estufa, llama, hirviendo, vapor
5. criada, cacerola, tapa, cacerola

Page 150 (100)

1. cerrado. Lo contrario de abierto es cerrado.
2. frío. Lo contrario de caliente es frío.
3. viejo. Lo contrario de nuevo es viejo.
4. noche. Lo contrario del día es la noche.
5. corto. Lo contrario de largo es corto.
6. debajo de. Lo contrario de sobre es debajo.

Page 151 (100)

1. Por qué, porque
2. Por qué, porque
3. Por qué, porque
4. Por qué, porque
5. Por qué, porque
6. Por qué, porque

Pages 152–153 (101)

1. avión, por
2. por, por
3. en, por
4. pájaro, por
5. vaso, hielo
6. rama, árbol, pájaros, rama, aire
7. avión, aire, avión, por, por, en

Pages 154–155 (97–102)

1. El muchacho, la muchacha y la mujer son personas, pero el árbol no es una persona.
2. El cerdo, la oveja y el caballo son animales, pero la taza no es un animal.
3. Los guantes, los zapatos y las medias son ropa, pero la cesta no es ropa.
4. El seis, el cinco y el ocho son números, pero el refrigerador no es un número.
5. El ojo, la nariz y la boca son partes de la cara, pero la flor no es parte de la cara.
6. El brazo, el pie y la cabeza son partes del cuerpo, pero la cacerola no es parte del cuerpo.

CONTESTACIONES

1. María hace la sopa de leche y patatas.
2. La sopa estaba en la cacerola antes de estar en el plato.
3. La criada tiene una bandeja en una mano y un tenedor en la otra.
4. Las patatas están dentro de la tierra con las raíces.
5. El agua está hirviendo porque la llama es caliente.
6. Tengo calor porque hace calor en este cuarto.

Page 158 (100)

1. para
2. de
3. para
4. de
5. para
6. de

Page 159 (102)

1. Hace calor, tiene calor
2. hace frío, está fría
3. tiene frío
4. está caliente

Pages 160–161 (102–104)

1. reloj, aparato
2. aparato, calor
3. frío, refrigerador, porque
4. estufa, cacerola, cuchara, mueve, porque, llama, calor, caliente
5. caja, tapa, caja, delgados
6. gruesos, aire, cerrada

Pages 162–163 (98–105)

1. tomamos, toman
2. estamos, están
3. voy, van
4. hacemos, hacen
5. sacamos, sacan
6. tomamos, toman
7. damos, dan
8. teníamos, tenían
9. deja, dejamos
10. levantan, levanto, levantar
11. compra, compran
12. abrir, abro
13. tengo, tienen

231

CONTESTACIONES

Pages 164–165 (106)

1. Son las tres y veinticinco.
2. Son las cuatro menos quince.
3. Son las nueve y diez.
4. Son las siete menos cinco.
5. Son las ocho y veinte.
6. Son las once y media.
7. Son las cinco menos veinte.
8. Es la una.

Pages 166–167 (106)

1. hacer
2. tomar
3. abrir
4. salir
5. entrar
6. poner
7. tomar
8. levantar

Pages 168–169 (97–106)

1. Son diferentes clases de fruta.
2. No, no las sacamos de la tierra.
3. Las raíces están dentro de la tierra.
4. Son diferentes clases de animales.
5. La vaca nos da la leche.
6. Lo hacemos de la leche.
7. Tenemos calor.
8. No, no hace calor en el refrigerador. Hace frío.
9. Los ponemos en el refrigerador porque allí hace frío.
10. Hay hielo en unas bandejas en el refrigerador.
11. Los lados gruesos del refrigerador no dejan entrar el aire caliente.
12. No, dos minutos no son mucho tiempo.
13. No, no hacemos sopa con naranjas.
14. No, no estoy contento cuando la carne no está buena.

232

CONTESTACIONES

Page 170 (107–109)

1. cerdo
2. puré
3. calor
4. pedazo
5. caliente
6. contento
7. duras
8. blando
9. frío
10. naranjas

Page 171 (110)

está, sentado, la, tiene, mucho, la, la, está, cerrada, otra, todas, las, están, cerradas.

frío, está, contento, las, cerradas, dejan.

Una, está, abierta, la, una, buena, alta, entra.

dice.

contesta, contento, otra, la.

Pages 172–173 (105–111)

1. Tengo los dientes en la boca.
2. No, la carne no está buena cuando los dientes no entran en ella.
3. No, no hacemos puré de patatas duras.
4. Sí, cuando las patatas están blandas, están listas para hacer el puré.
5. No, no pongo sal en la leche antes de tomarla.
6. Tomo una cuchara en la mano antes de probar la sopa.
7. No, todos los edificios no son altos.
8. No, todas las mujeres no son bajas.
9. Sí, todas las llamas son calientes.
10. Sí, todos los cuchillos son duros.
11. Sí, la leche es buena para los niños.
12. No, no entro en un cuarto por la ventana. Entro por la puerta.
13. Sí, contesté bien todas estas preguntas.

CONTESTACIONES

1. edificios, diferentes
2. sombreros, iguales
3. manzanas, iguales
4. vasos, diferentes
5. cacerolas, iguales
6. aviones, diferentes
7. zapatos, iguales
8. flores, iguales
9. líneas, diferentes
10. tenedores, iguales

Pages 176–177 (112–113)

1. Son diferentes clases de fruta.
2. Son diferentes clases de botellas.
3. Son diferentes clases de árboles.
4. Son diferentes clases de animales.
5. Son diferentes clases de ropa.
6. Son diferentes clases de sombreros.
7. Son diferentes clases de cajas.
8. Son diferentes clases de hojas.
9. Son diferentes clases de edificios.
10. Son diferentes clases de comida.
11. Son diferentes clases de flores.
12. Son diferentes clases de relojes.

Pages 180–181 (102–113)

1. El caballo lleva a las personas.
2. Los animales no llevan ropa porque tienen pelo por todo el cuerpo.
3. Una mujer le puso zapatos.
4. Tiene cuatro zapatos.
5. No tiene guantes porque los guantes son para las manos, y el perro no tiene manos.
6. Sí, el pájaro está contento.
7. La casa del hombre no es buena para él porque allí hace calor.
8. El pájaro entró en el refrigerador para tener frío.
9. Sí, allí está contento.

234

10. Sí, tengo un perro en la casa. (No, no tengo un perro en la casa.)
11. Sí, hay diferentes clases de perros.
12. Sí, los animales tienen dientes.
13. No, los pájaros no tienen dientes.

Pages 182–183 (103–116)

1. mucho
2. muy
3. muchas
4. muy
5. muchos
6. mucho
7. mucho
8. muy
9. mucho
10. muy

Pages 184–185 (103–116)

1. bien
2. bien
3. buena
4. bien
5. bien
6. buenos
7. buena
8. buenos
9. bien

Page 186 (101–112)

el, El, el, las, los, los.
la, el, la, la, el, la, los, la, el.

la, Los.
Las, la, el, lo.

Page 187 (114–116)

1. familia
2. la madre, la esposa
3. el padre, el esposo
4. los hijos
5. las hijas, las hermanas
6. el hijo, el hermano

Pages 189–190 (112–116)

1. Hay cuatro personas en la familia Vargas.
2. Los señores Vargas tienen dos hijos.
3. La señora de Vargas es la madre de la familia.
4. El señor Vargas es el padre de la familia.
5. Manuel es el hermano de Juanita.
6. Su casa está en la calle Mayor, número 97.
7. Sí, la señora de Vargas es una buena madre.
8. Cuando hace frío la criada hace sopa.

9. La criada compra leche, patatas y fruta en la tienda.

10. El señor Vargas da dinero al hombre por las cosas que la criada compró en la tienda.

11. El señor Vargas dió un perro a su hijo.

12. Sí, Juanita estaba contenta también, porque su padre le dió a ella un vestido nuevo.

Page 191 (109–116)

1. debajo de
2. dentro de
3. después de
4. antes de
5. a través de

Pages 192–193 (116–117)

1. es, está
2. son, están
3. Es, está
4. está, está
5. está, está
6. está, está
7. es, es
8. están, están
9. es, Está, está

Pages 194–195 (105–118)

1. iré, irán, iremos
2. daremos, darán, daré
3. pondré, pondrán, pondremos
4. tomará, tomarán, tomaremos
5. veré, verán, verá
6. hará, haré, harán
7. dirá, diré, diremos
8. comprarán, comprará, compraremos
9. estará, estaré, estaremos
10. saldrán, saldremos, saldré

Pages 196–197 (110–118)

1. bajo, grueso. El árbol grueso es bajo. El árbol delgado es alto.
2. baja, fruta. La planta baja tiene flores. La planta alta tiene fruta.
3. viejo. El vestido nuevo es largo.

CONTESTACIONES

4. blanda. La mantequilla dura estaba en el refrigerador.
5. cerrada. La muchacha está en la ventana abierta.

6. Tiene la bandeja en la mano derecha. Tiene el tenedor en la mano izquierda.

Pages 198–199 (118)

1. que tiene un caballo
2. que tomé del estante
3. que está en el plato
4. que estaba en la pared
5. que estaba en mi boca
6. que compré en la tienda
7. que fueron a la casa
8. que dice: "Buenos días"
9. que yo tenía en la mano
10. que va sobre las montañas

Pages 201–202 (1–118)

1. La muchacha está en la calle.
2. Lleva una cesta en la cabeza.
3. Sí, está muy contenta.
4. Sí, los huevos son muy buenos.
5. Muchas personas le darán dinero por los huevos.
6. Con ese dinero ella comprará una cabra.
7. Las cabras dan leche.
8. Ella hará mantequilla y queso de la leche de la vaca.
9. Comprará vestidos, zapatos y otras cosas.
10. Dará una casa nueva a su familia.
11. No, ahora no le van a comprar los huevos.
12. No, ahora no está contenta.

INDEX

The number after each word indicates the page of the text on which the word first occurs. More than one page reference means that the word has different grammatical uses or variations in meaning. In Spanish, *ch*, *ll*, *ñ* and *rr* are treated as separate letters—that is, *ch* will be found after *c*, *ll* after *l*, *ñ* after *n* and *rr* after *r*. (Note that page numbers in this Index *do not* refer to page numbers in the workbook.)